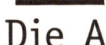 Die A

MW01598742

Christian Adolf David Klöpfer

Die Abenteuer meines Lebens

Das Tagebuch eines Auswanderers

Ellert & Richter Verlag

Inhalt

Einführung
Ursula Wöst

Briefe, Tagebücher und Erinnerungen sind die authentischsten Dokumente der privaten Geschichte und eine unverzichtbare Quelle der Sozialgeschichte. Die Autoren erzählen aus ihrer subjektiven Perspektive, bewerten politische und gesellschaftliche Vorgänge und Ereignisse und geben ihre Gefühle, Beweggründe und persönlichen Umstände preis. Sie ermöglichen damit einen Blick auf ihre Lebensführung und beleuchten historische Ereignisse aus einer persönlichen Sicht.

Ein solches Dokument ist das Tagebuch des Hamburgers Adolf Klöpfer, der zwischen 1869 und 1900 insgesamt etwa 20 Jahre in Südamerika, in Uruguay, Paraguay, Bolivien, Argentinien und Brasilien lebte. Sein Tagebuch erzählt von den Menschen in Südamerika, von Revolutionen, von der Situation der Einwanderer, von Naturkatastrophen und auch von den Ereignissen in Deutschland. Die persönliche Einschätzung des Autors vermittelt dem Leser ein lebendiges Bild der Zeit Ende des 19. Jahrhunderts.

Eine Fülle von privaten Dokumenten hat die Freie Universität Berlin in Zusammenarbeit mit der Forschungsbibliothek Gotha gesammelt. Bislang umfasst der Bestand rund 7000 Briefe, die Auswanderer an ihre Verwandten und Freunde in Deutschland schrieben (Näheres unter www.aus-

Album mit Ansichten zu Klöpfers Tagebuch, 1869–1873

wandererbriefe.de). Sie geben einen guten Aufschluss über die private Sicht eines Massenphänomens der Neuzeit: die Auswanderung aus Europa in die Neue Welt. Fast alle beschreiben die schlechte ökonomische Situation, die den Ausschlag dafür gab, einen Neuanfang zu suchen. Sie erzählen von Missernten, ärmlichen Verhältnissen, Hunger und bedrückenden Lebensbedingungen, die die Menschen dazu drängten, sich für einen begrenzten Zeitraum oder für immer eine neue Heimat zu suchen. Die Fachliteratur untermauert dieses Bild der von Hunger, Armut und politischer oder religiöser Verfolgung bedrängten Auswanderer.

Aber es gab auch diejenigen, die wie Adolf Klöpfer freiwillig, aus Neugier, Abenteuerlust oder Unternehmergeist in die Neue Welt aufbrachen. Ihre Zahl lässt sich nicht beziffern, da es keine umfangreiche statistische Erfassung der Auswanderungsgründe gab. Sicherlich war es ein relativ geringer Anteil der etwa sechs Millionen Deutschen, die zwischen 1820 und 1928 emigrierten. Insofern ist die Geschichte Adolf Klöpfers eine Ausnahme, nicht repräsentativ für die

Beweggründe der Auswanderung. Doch traf er im Laufe seiner Auslandsaufenthalte auf viele Menschen, die sich zwar
weniger abenteuerlich, aber auch freiwillig und ohne Zwang
eine neue Existenz in Südamerika, Nordamerika oder Asien
aufbauten. Auch andere Quellen belegen, dass es zu allen
Zeiten Personen gab, die weniger durch äußere Umstände
zur Emigration gedrängt wurden, als vielmehr freiwillig und
voller Unternehmungsgeist in ein neues Leben aufbrachen.
Mit seinem Tagebuch zeigt uns Adolf Klöpfer die Geschichte einer anderen, einer abenteuerlichen und ungewöhnlichen
Auswanderung.

Deutsche Emigration zwischen 1865 und 1914

Die überseeische Auswanderung aus Europa nahm zu
Beginn des 19. Jahrhunderts in England und Irland ihren
Anfang und erfasste nach und nach den europäischen Kon-
tinent von Westen nach Osten.

Religiöse Intoleranz hatte schon im 17. Jahrhundert dazu
geführt, dass kleinere süd- und mitteldeutsche Gruppen ihre
Heimat in Richtung Neue Welt verließen. Francis Daniel
Pastorius gründete 1683 mit Krefelder Familien die Stadt
Germantown in Pennsylvania, die als erste deutsche
Gemeinde in Amerika gilt. Doch von einem Massenphäno-
men waren diese Wanderungen einzelner Gruppen weit ent-
fernt.

Wichtige äußere Ursachen in der Heimat (sogenannte
Push-Faktoren) für die erste Phase deutscher Massenaus-
wanderung bis zur Mitte des 19. Jahrhunderts waren die
weitreichenden Zerstörungen durch die Napoleonischen
Kriege (1804–1812), Hungersnöte wie die des „Katastro-
phensommers" 1816 oder die Missernten der Jahre 1846/47
in Kombination mit einem starken Bevölkerungswachstum.
Auf dem Land verschärfte das in Süddeutschland vorherr-

schende Realteilungserbrecht die schlechte Situation vieler Menschen: Das Erbe wurde gleichmäßig unter den erbberechtigten Kindern aufgeteilt. Damit wurde der Besitz von Generation zu Generation kleiner. Es entstanden sogenannte Zwergwirtschaften, die als Existenzgrundlage nicht mehr ausreichten.

Für Handwerker bedeutete die Einführung der Gewerbefreiheit einen hohen Konkurrenzdruck und eine unsichere Existenz. Darüber hinaus verloren viele Handwerker durch die beginnende Industrialisierung ihre Arbeit. Die in Heimarbeit gefertigten Waren konnten nicht mit den industriell hergestellten konkurrieren und viele Heimarbeitsplätze gingen verloren.

Zunächst diente der Rhein als Hauptverkehrsader. Deshalb reisten bis 1865 viele der Kleinbauern und Handwerker, die meist im Familienverband auswanderten, über Rotterdam oder andere Häfen, die auf Flussschiffen gut erreichbar waren.

Für den Transport von Waren und Menschen war der Auf- und Ausbau von Verkehrswegen von zentraler Bedeutung. Ab Mitte des 19. Jahrhunderts entstand zunächst in West-, dann auch in Osteuropa ein Eisenbahnnetz, das vor allem den deutschen Häfen Bremerhaven und Hamburg zum Aufschwung verhalf. Die Durchsetzung der Dampfschifffahrt führte dazu, dass sich die Fahrtzeit über den Atlantik von mindestens vier Wochen auf etwa eine Woche verkürzte. Hinzu kam, dass die Dampfer sicherer und zumindest ein wenig komfortabler waren als die Segelschiffe. Mit den von den Reedereien angebotenen regelmäßigen Abfahrten wurde die Reise planbarer. Sinkende Fahrpreise ermöglichten vielen Auswanderungswilligen überhaupt erst die Abfahrt und machten es möglich, häufiger zu reisen. Die Entscheidung zur Auswanderung schien nicht mehr irreversibel und die Zahl der Rückwanderer, also derjenigen, die nach einiger Zeit in der Fremde wieder nach Hause zurückkehrten, stieg stark an.

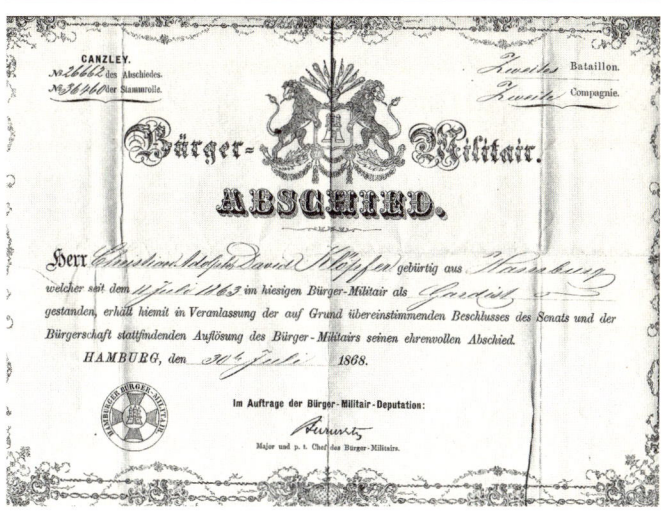

Abschied vom Bürger-Militär, 1868

Die deutsche Auswanderung verlagerte sich in der zweiten Hälfte des 19. Jahrhunderts nach Nord- und Nordostdeutschland. Hier herrschte das Anerbenrecht vor, bei dem der Grundbesitz an einen einzigen Erben gegeben und die anderen Kinder abgefunden wurden. Letztere mussten sich mit Nebentätigkeiten wie Leinweberei oder Hollandgängerei (eine Art der Wanderarbeit) durchschlagen. Nach dem Wegfall solcher Erwerbsquellen durch die Industrialisierung sahen sich viele zur Auswanderung gezwungen.

Siedlungsgesellschaften in Übersee, vor allem in Südamerika, warben gezielt die Menschen aus ländlichen Gegenden an, die in der Auswanderung ihre einzige Perspektive für die Gründung einer eigenen Existenz sahen. Die USA versuchten 1862 mit dem Homestead Act (Heimstätten-Gesetz) neue Siedler ins Land zu holen: Es erlaubte jeder Person über 21 Jahre, sich auf einem bis dahin unbesiedelten Stück Land niederzulassen, sich ein 160 acre (etwa 65 Hektar) großes Areal abzustecken und zu bewirtschaften. Nach einer Dauer von fünf Jahren wurde der Siedler dann zum Eigentümer. Diese Frist konnte durch Bezahlen von 1,25 Dollar pro acre Land (insgesamt also 200 Dollar) auf sechs Monate verkürzt werden.

Mit zunehmender Industrialisierung waren es dann vor allem Arbeiter, Dienstboten und Dienstbotinnen, die meist alleine auswanderten und in den großen Industriezentren in den USA ansässig wurden. Dem „Gründerboom" nach Ausrufung des Deutschen Kaiserreiches 1871 folgte bald eine wirtschaftliche Krise und die Auswanderung strebte ihrem Höhepunkt entgegen: 1881 verließen rund 220 000 Deutsche ihre Heimat. 1892 schreibt der Schweriner Regierungsreferendar Lindig in einem Bericht über die Auswandererbewegung in Mecklenburg, dass „heute namentlich aus den Kreisen der ländlichen Bevölkerung wohl nur noch wenige Familien vorhanden sind, die nicht in Amerika ansässige Verwandte oder Bekannte haben". Diese Verwandten und Bekannten berichteten den Daheimgebliebenen – nicht immer zutreffend – von den hervorragenden Möglichkeiten in der Neuen Welt, um sie ebenfalls zur Auswanderung zu bewegen. So kam es zu sogenannten Kettenwanderungen. Allein in die USA gingen zwischen 1880 und 1893 rund 1,8 Millionen Deutsche.

1873 beschloss auch Adolf Klöpfer, Deutschland zum zweiten Mal zu verlassen:

Da die politischen und finanziellen Verhältnisse in Deutschland mir wenig behagten, beschloss ich wieder nach Bolivien zurückzukehren und verließ am 8. April 1873 mit dem Hamburger Steamer „Argentina" die Stadt Hamburg.

Die Politik des „Eisernen Kanzlers" Bismarck scheint dem liberal denkenden und handelnden Klöpfer sehr missfallen zu haben. Finanziell hatte er sicherlich nicht ernsthaft zu leiden, doch rechnete er sich in Südamerika bessere Perspektiven aus.

Welche Situation fand er dort vor?

Südamerika 1870–1900

Uruguay war durch den „Großen Krieg", eine neun Jahre dauernde Belagerung Montevideos (1843–1852), in die Argentinien und Brasilien verwickelt waren, stark geschwächt. Nach dem „Großen Krieg" wuchs die Zahl der Einwanderer stark an, die vor allem aus Italien und Spanien stammten. 68 Prozent der Bevölkerung Uruguays im Jahre 1868 waren Immigranten. Die Hauptstadt Montevideo, in der damals ein Viertel der Bevölkerung wohnte, wuchs und baute ihre Infrastruktur aus. Die erste Telegrafenlinie wurde 1866 eingerichtet, und es wurden Eisenbahnverbindungen ins Hinterland der Stadt erbaut. Beides spielt in Klöpfers Tagebuch eine wichtige Rolle.

Zwischen 1864 und 1870 tobte der blutige Tripel-Allianz-Krieg zwischen **Paraguay**, Brasilien, Argentinien und Uruguay. Als 1870 der Diktator Francisco Solano López am Río Aquidabán fiel, hatte Paraguay rund zwei Drittel seiner Bevölkerung verloren. Doch die politische Lage blieb instabil. Wechselnde Diktaturen und häufige Staatsstreiche sowie teilweise bürgerkriegsähnliche Unruhen verhinderten einen effektiven Wiederaufbau des Landes. Dennoch kam es gegen Ende des 19. Jahrhunderts wieder zu verstärkter Einwanderung insbesondere deutschstämmiger Siedler.

Bolivien wurde von häufig wechselnden und zumeist nur kurzlebigen Militärdiktaturen (caudillos bárbaros) beherrscht. Gesetzlosigkeit, Misswirtschaft, Klientelwesen und Korruption bestimmten die Politik.

Die Jahre von 1880 bis 1929 brachten **Argentinien** wirtschaftlichen Aufschwung und verstärkte Einwanderung, hauptsächlich aus Europa. Die Wirtschaft war stark auf den Export von Rohstoffen und den Import von Industrieprodukten eingestellt. Dem Gros der Bevölkerung wurden durch ein ausgeklügeltes Wahlbetrugs-System die politischen Rechte vorenthalten. Die Einwanderer, die zu dieser Zeit bereits einen beträchtlichen Teil der Bevölkerung ausmachten, hatten als Ausländer ebenfalls kein Stimmrecht. Aus Unmut über diese Verhältnisse wurde Mitte der 1880er Jahre eine Gegenbewegung gegründet, die Unión Cívica (Bürgerunion). Sie machte ab 1890 durch gewaltsame Aufstände auf sich aufmerksam und erlangte trotz des erbitterten Widerstands der Oligarchen einige Zugeständnisse. Klöpfer beschreibt solche Aufstände in Tucuman.

Trotz der politischen und wirtschaftlichen Unsicherheiten war Argentinien das beliebteste Einwanderungsland Lateinamerikas. Zwischen 1857 und 1926 kamen 5,7 Millionen Immigranten. Allerdings lag die Rückwandererquote bei rund 50 Prozent, also nur jeder Zweite blieb für immer.

Brasilien unterstützte den erfolgreichen revolutionären Kampf gegen den Diktator Argentiniens, Juan Manuel de Rosas, und führte von 1864 bis 1870, verbündet mit Argentinien und Uruguay, einen siegreichen Krieg gegen Paraguay. Am 15. November 1889 wurde Kaiser Pedro II. vom Militär gestürzt und musste mit seiner Familie das Land verlassen. Manuel Deodoro da Fonseca rief die Republik der Vereinigten Staaten von Brasilien (República dos Estados Unidos do Brasil) aus. Die Jahre nach 1889 waren eher von politischer Stabilität geprägt. Neben Argentinien war Brasilien das zweitwichtigste Einwanderungsland Lateinamerikas. Zwischen 1872 und 1940 wurden 3,3 Millionen Immigranten gezählt.

Adolf Klöpfers Reisen

Als der 28-jährige Adolf Klöpfer am 6. März 1869 Hamburg verließ, verwirklichte er seinen „schon lange gehegten Wunsch, die Welt zu durchreisen". In den nächsten 30 Jah-

ren kehrte er nur für wenige kurze Aufenthalte in die Heimat zurück. Er machte zwei große Weltreisen (1869–1872
und 1873–1877), lebte anschließend zehn Jahre in Südamerika (1879–1889), unternahm einen Auswanderungsver-
such nach Kalifornien, der allerdings scheiterte (1890), und
lebte weitere sechs Jahre in Südamerika (1894–1900). Mit
59 Jahren kehrte er nach Norddeutschland zurück, wo er
mit seiner Familie in Hamburg den Rest seines Lebens verbrachte.

Adolf Klöpfer war ein außergewöhnlich aufgeschlosse-
ner, intelligenter, weltoffener, liberaler und humorvoller
Mensch und ein ausgezeichneter Beobachter. Seine Schilderungen von Menschen, Ereignissen und Landschaften sind
ebenso aufschlussreich wie spannend. Sein Tagebuch ermög-
licht einen tiefen Einblick in verschiedenste Regionen der
Welt in der zweiten Hälfte des 19. Jahrhunderts: die Zustände in Fleischfabriken in Uruguay und auf dem Land in Paraguay, das Leben in Buenos Aires, Revolutionen in Bolivien
und Argentinien, die Fahrt auf einem Raddampfer von San
Francisco nach Japan, die Beschreibungen Hongkongs und
Manilas, die Reise mit der Bahn von New York nach San
Francisco, die Choleraepidemie in Hamburg 1892 – um nur
einige wenige Stationen seiner Reisen zu nennen.

Immer mit im Gepäck hatte Adolf Klöpfer seine Plattenkamera, mit der er hervorragende Aufnahmen der Landschaften und Menschen machte. Rund 200 dieser Aufnahmen sind erhalten geblieben, viele davon mit Hand kolo-
riert. Sie illustrieren in eindringlicher Weise die Beschreibungen des Tagebuchs.

Einzig über sich selbst verlor Adolf Klöpfer kaum ein
Wort. Die Strapazen seiner Reisen, wochenlang auf schlecht
ausgerüsteten Schiffen oder auf Maultierrücken, lassen sich
nur erahnen. Die enge Verbundenheit mit seiner ersten Tochter Micaela, die aus der Beziehung zu der Indianerin Clara

Klöpfers Plattenkamera

Reyna hervorging, erschließt sich nur aus der Tatsache, dass das Mädchen bei ihm und nicht bei der Mutter aufwuchs. Auch dass eben jene indianische Geliebte später Adolf Klöpfers Neffen heiratete, geht nur aus seinen Anmerkungen zur Familiengeschichte hervor, im Tagebuchtext blieb dies unerwähnt.

Spannend ist aber nicht nur das Tagebuch, sondern auch die Familiengeschichte. Sie beginnt und endet in Hamburg.

Die Familie Klöpfer in Hamburg

Der Vater, Johann David Klöpfer (1800–1853), etablierte ein Metallwarengeschäft am Winserbaum beim Dovenfleet in Hamburg. Das Geschäft florierte, und er kaufte ein Haus im Schopenstehl, wo er auf dem zum Fleet hin liegenden Grundstück eine Fabrik baute. Er stellte „elektrische Inductionsapparate" her, „welche von allen Ärzten eingeführt wurden und großen Absatz brachten".

Als der Vater im Alter von 53 Jahren starb, führte zunächst die Mutter, Johanna Elisabeth Klöpfer, geb. Braun, das Geschäft mithilfe eines Geschäftsführers weiter. Adolf sah sich gezwungen, eine kaufmännische Ausbildung und eine Lehre in einer Maschinenfabrik zu absolvieren, um das elterliche Geschäft übernehmen zu können. Doch es war nicht Adolf Klöpfers Lebensziel, ein erfolgreicher Geschäftsmann zu werden. Zu dem Geschäft hatte er keine enge Verbindung, es fiel ihm nicht schwer, dieses aufzugeben. Mit seinen Reisen folgte er in gewisser Weise einer Familientradition, denn auch sein Vater und sein Großvater waren im Laufe ihres Lebens viel gereist. Der Großvater kam „als Wanderbursche mit Felleisen zu Fuß" aus Württemberg nach Hamburg, wo er sich als Schneidermeister niederließ. Der Vater bereiste „als Geschäftsreisender ganz Deutschland zu Pferde".

Durch den Verkauf der Fabrik schaffte Adolf Klöpfer sich eine finanzielle Grundlage für seine erste große Reise und wusste zudem seine Mutter wirtschaftlich gut versorgt.

Sein jüngerer Bruder Emil zeigte ebenfalls kein Interesse an dem elterlichen Geschäft. Er führte offenbar ein ebenso unabhängiges wie chaotisches Leben. Drei Mal traf Adolf Klöpfer seinen jüngeren Bruder in fernen Ländern: In Manila war Emil für eine deutsche Firma tätig und hatte keine Zeit für den Bruder, der ihn auf seiner ersten Weltreise besuchte. Bei seinem zweiten Besuch blieb Adolf Klöpfer längere Zeit in Manila. Nach einem halben Jahr aber kam es zum Zerwürfnis mit dem Bruder, und er kehrte nach Südamerika zurück, „freilich nicht in besonders froher Stimmung, da ich seinetwegen zwecklos Zeit und Geld verschwendet hatte". 13 Jahre später lockte Emil den älteren Bruder mit falschen Versprechungen bezüglich hervorragender Geschäftsaussichten nach San Francisco. Adolf Klöpfer packte sein gesamtes Hab und Gut und reiste von Hamburg an die amerikanische Westküste, um festzustel-

Emil und Carrie Klöpfer, geb. Thomas, in Hamburg

len, dass er dort keinesfalls eine Existenz gründen konnte. Adolf Klöpfer kehrte nach Hamburg zurück. Emil heiratete eine Amerikanerin und zog mit seiner Frau nach Hamburg, wo diese im Alter von nur 33 Jahren verstarb. Dass trotz aller Enttäuschungen, die sein Bruder ihm bereitete, die Verbindung zwischen Adolf und Emil Klöpfer eng war, zeigt die Tatsache, dass Adolf Klöpfer seine zweite, 1890 geborene Tochter nach seiner im Jahr zuvor verstorbenen Schwägerin nannte: Carrie.

Adolf Klöpfers sieben Jahre jüngere Schwester Minna findet in seinem Tagebuch kaum Erwähnung. Sie scheint die meiste Zeit in Hamburg gelebt zu haben, war mit einem Hamburger verheiratet und hatte acht Kinder.

Als 1885 seine indianische Geliebte Clara Reyna Adolf Klöpfer verlassen hatte, schrieb er an eine Bekannte aus Mecklenburg, stellte seine „Lage und Lebensweise" dar und bot ihr seine Hand an. Sophie Reinwein zögerte nicht, packte ihre Sachen, ließ sich einen Reisepass ausstellen, reiste nach Montevideo und heiratete Adolf Klöpfer. Dessen kleine Tochter Micaela war in der ersten Zeit ihre wichtigste Unterstützung bei der Eingewöhnung in die fremde

Reisepass des Großherzogs von Mecklenburg für Sophie Reinwein, 1885

Hochzeitsfoto, Micaela Klöpfer und Guido Maschke, 1909

Umgebung und beim Erlernen der spanischen Sprache. Das Leben war alles andere als einfach, und das Ehepaar erlitt mit dem Tod zweier gemeinsamer Kinder schwere Schicksalsschläge. Vier Jahre nachdem Sophie nach Südamerika gekommen war, reisten die Klöpfers mit der inzwischen achtjährigen Micaela nach Deutschland. Dort wurde die Tochter Carrie geboren.

Seine letzte große Reise nach Südamerika trat Adolf Klöpfer ohne seine Familie an. Diese verbrachte mehrere Jahre in Bad Schwartau. Dort war es Adolf Klöpfer nach seiner Rückkehr aus Südamerika aber zu „langweilig", weshalb die Familie 1903 nach Hamburg zog. Adolf Klöpfer starb 1926 im hohen Alter von 85 Jahren.

Viele der Angaben über die Familie und über Adolf Klöpfers Reisen lassen sich anhand von Dokumenten des Staatsarchivs Hamburg nachprüfen, manches erklärt sich erst durch diese zusätzlichen Quellen. So zum Beispiel, dass das Verhältnis zwischen Adolf Klöpfer und seinem Neffen nicht besonders gut gewesen sein kann, denn was Klöpfer im Tagebuch verschweigt, verrät die Passagierliste der „Argentina" vom 4. Juli 1879: Während Klöpfer es sich in einer

Kajüte bequem machte, musste sein Neffe – August Tuchtfeld – im Zwischendeck reisen.

Das Buch „Die Abenteuer meines Lebens" ist mehr als
ein Reisetagebuch. Es ist eine faszinierende Zeit- und Familiengeschichte und auch das Produkt einer spannenden fami-
liengeschichtlichen Recherche. Die Ergebnisse, zusammen
mit dem Original-Tagebuch und vielen der wunderbaren
Fotos und Dokumente, sind in der „BallinStadt – Auswandererwelt Hamburg" zu sehen.

Mein besonderer Dank gilt dem Urenkel Adolf Klöpfers,
Wolfgang Tornieporth, dafür, dass er uns diese spannende
und fesselnde Geschichte zur Verfügung gestellt hat, und seiner Frau, Dr. Gerda Tornieporth, für die aufwendige Transkription des Tagebuchs aus der Sütterlinschrift.

Hamburg, Januar 2008

Prolog

Nach fast zwanzigjährigem Aufenthalte in Südamerika und mehreren Reisen um die Erde, habe ich in nachstehenden Zeilen die hauptsächlichsten Erlebnisse meines Lebens und meiner Reisen aufbewahrt.

Mein Vater, J. D. Klöpfer, geboren am 17. 4. 1800, etablierte sich im Jahre 1839 in Hamburg als Metallwarenfabrikant, heiratete am 30. 5. 1840 meine Mutter Johanna Braun, aus welcher Ehe ich, geboren am 2. 3. 1841, mein Bruder Emil, geboren am 4. 10. 1844, und meine Schwester Minna, geboren am 13. 4. 1848, entsprossen.

Nach Beendigung meiner Schulzeit trat ich bei einem Kaufmann in die Lehre, ward jedoch, als mein Bruder sich später gleichfalls dem Handelsstande widmete, veranlasst, eine nochmalige Lehrzeit in der Maschinenfabrik von Menk & Harder durchzumachen, um später unser Geschäft übernehmen zu können.

Nachdem ich einige Zeit in verschiedenen Fabriken gearbeitet habe, wurde ich leider schon 1865 gezwungen, in unser Geschäft einzutreten, welches durch schlechte Führung sehr gelitten hatte. Trotzdem ich viel zu tun bekam und viele Leute beschäftigte, war das Geschäft wenig einträglich, und ich war daher froh, als sich 1868 Gelegenheit bot, das-

selbe zu verkaufen. Meine Mutter bekam dadurch hinreichende Mittel, um ein sorgenfreies Leben führen zu können,
während ich, durch nichts mehr gebunden, meinen schon
lange gehegten Wunsch, die Welt zu durchreisen, jetzt ver-
wirklichen konnte.

Editorische Notiz

Der Text des Tagebuchs wurde so wortgetreu wie möglich
belassen, lediglich nach heutigem Verständnis orthografische
und stilistische Unstimmigkeiten wurden verbessert, um den
Lesefluss zu gewährleisten. Der Gesamtumfang wurde zu
Teilen gekürzt. Die Sternchen im Text verweisen auf das
Glossar im Anhang, in dem fremdländische, antiquierte und
geografische Begriffe sowie alte Temperatur-, Maß- und Län-
geneinheiten erklärt werden.

Christian Adolf David Klöpfer
1887 in Tucuman, Cordoba (Argentinien)

Reise mit dem Segelschiff nach Südamerika, erster Aufenthalt von 1869 bis 1872

Mit dem Segelschiff von Hamburg nach Montevideo
6. März bis 9. Mai 1869

Von meinem langjährigen Freunde Ca. Meyer, welcher vor einigen Jahren nach Uruguay gegangen war, hatte ich schon mehrfach die Aufforderung erhalten, mit ihm Amerika zu durchstreifen. Ich schrieb ihm nun, dass ich unser Geschäft verkauft hätte und Anfang 1869 zu ihm kommen würde.

Am 6. März 1869 verabschiedete ich mich von meiner lieben Mutter und ging, von meinem Schwager Majus begleitet, zum Hafen, wo ich den tags vorher kennengelernten Mitreisenden Feddersen antraf. Zu unserem Schrecken erfuhren wir an der Landungsbrücke, dass unser Segelschiff, die „Juno" mit Captain Devers, bereits um 7 Uhr den Hafen verlassen habe, ohne Nachricht für uns hinterlassen zu haben. Ich benachrichtigte sofort den Lotsen in Glückstadt, die „Juno" beim Passieren anzusprechen und dem Captain mitzuteilen, dass wir mit dem nächsten Zuge dort eintreffen würden. Nachdem wir bis 11 Uhr in einem Restaurant gewartet hatten, sagte ich meinem Schwager Lebewohl und fuhr mit Feddersen nach Elmshorn. Hier nahmen wir die

Post und gelangten tüchtig durchgefroren gegen 3 Uhr in Glückstadt an. Die „Juno" war bereits vorbeigesegelt.

Durch einen Zettel ließ Captain Devers uns wissen, dass Wind und Wetter ihm nicht gestattet hätten, hier anzulegen, er wolle uns jedoch bis zum anderen Morgen in Cuxhaven erwarten. Da dorthin keine Dampfschifffahrtsverbindung vorhanden war, fuhren wir mit dem Segelboot nach Freiburg und von da mit der Post über Neuhaus, Otterndorf nach Cuxhaven, wo wir nachts um 1 Uhr eintrafen und im Lotsenhause den Anbruch des Tages erwarteten. Gegen 7 Uhr bemerkten wir ein Segel, welches beim Näherkommen als die „Juno" erkannt wurde. Das Schiff warf auf der Reede Anker, worauf wir uns sofort an Bord rudern ließen und uns den übrigen Passagieren vorstellten. Wir waren im ganzen vier Personen: Rollhuisen aus Amsterdam, Michaelsen aus Rostock, Feddersen und ich aus Hamburg; alle gingen auf gut Glück hinaus.

Jedem von uns wurde eine Koje mit zwei Betten, in welcher wir auch unser Gepäck unterzubringen hatten, angewiesen. Um mehr Raum zu gewinnen, benutzten wir nun zwei Kojen nur für unsere Sachen und schliefen in den beiden anderen je mit zwei Mann. Zu unserem Aufenthalte am Tage diente eine kleine Kajüte, in welcher ich nur gebückt stehen konnte und welche ebenso wie unsere Kojen entsetzlich nach Genever* und Teer, dem Hauptteile der Ladung, duftete. Um 10.30 Uhr morgens gingen wir bei günstigem Winde in See, passierten am Abend des zweiten Tages Dover in nächster Nähe, sodass wir die erleuchteten Häuser und Straßen erkennen konnten, und verloren am dritten Tage die Küste Englands aus Sicht.

Am 27. März erblickten wir die zur Kapverdischen Gruppe gehörende Insel San Antonio in weiter Ferne. Die Temperatur, welche bisher kalt und unangenehm gewesen war, wurde hier prächtig warm, ab und zu in der Kajüte und

den Kojen sogar so warm, dass wir den ganzen Tag und bei
ruhigem Wetter selbst des Nachts auf Deck zubrachten. In
der Nähe der Linie*, wo sich häufige Windstillen einstellten,
fing unser Steuermann zwei Haifische mit der Angel und
einen Schweinsfisch mit der Harpune, was für uns bei unserer langweiligen Lebensweise Ereignisse von großer Wich-
tigkeit waren.

Am 8. Mai kamen wir in Sicht von Maldonado* und am
9. Mai nach 62-tägiger Reise vor Montevideo, der Hauptstadt Uruguays, an, froh, die langweilige Reise überstanden
zu haben. Den größten Teil der Zeit hatten wir mit dem
Erlernen der spanischen Sprache, mit Schießen nach der
Scheibe und nach den häufig das Schiff begleitenden Delfi-
nen und Schweinsfischen sowie mit Kartenspielen, in welchem unser Captain riesige Ausdauer entwickelte, totge-
schlagen.

Ankunft in Montevideo

Die Stadt Montevideo bietet bei schönem Wetter vom Wasser aus einen prachtvollen Anblick. Links an der halbrunden
Bai, auf einem Hügel, befindet sich ein hoher Leuchtturm,
unterhalb desselben liegen mehrere Befestigungen, große
weiße Gebäude und Fabriken; an der rechten Seite auf einer
Landzunge die terrassenartig erbaute Stadt mit vielen Kirchen, Türmen und hohen Gebäuden. Auf dem Wasser
herrschte ein reges Leben, viele Segel- und Dampfschiffe,
von kleinen Fahrzeugen umgeben, empfingen und löschten
ihre Ladung. Unzählbare Fischerboote, Schleppdampfer
und Ruderboote bewegten sich zwischen ihnen.

Um 3 Uhr nachmittags fuhren wir mit dem Captain an
Land, um den nahen Markt zu besehen, wo frisches Fleisch
und Gemüse eingekauft werden sollte. Später durchstreiften
wir die Stadt und übernachteten auch daselbst.

Am nächsten Tage verließen uns Michaelsen und Rollhuisen, während Feddersen und ich vom Captain Erlaubnis erhielten, bis zu unserer Abreise an Land bleiben zu können. Erlaubte das Wetter es, so fuhren wir an Land, besuchten Bekannte von Michaelsen, mit denen wir die Stadt und Umgebung in Augenschein nahmen. Alle Straßen der Stadt sind gerade angelegt, und die meisten nur aus Parterrewohnungen bestehenden Häuser haben prächtige vergitterte Fenster und Haustüren, durch welche man in den mit Blumen und Pflanzen bedeckten Hofplatz sehen kann.

Dieser ist meistens mit Segeltuch überspannt, um die glühenden Sonnenstrahlen abzuhalten und mit allerliebsten marmornen Brunnen oberhalb der Zisterne geschmückt. Im Zentrum der Stadt liegt ein großer freier Platz, die sog. Plaza, von ansehnlichen Gebäuden, der Hauptkirche, dem Palast etc. umgeben und mit Orangenalleen bepflanzt. Hier finden allabendlich Konzerte statt, zu denen sich stets ein zahlreiches Publikum einfindet. In den Hauptstraßen ist überall großer Verkehr; Berittene, Schlachter, Bäcker, Milchleute und Fruchtverkäufer, schwarzes und dunkles französisch gekleidetes Militär, elegante und mehrfach sehr ansehnliche weiße und farbige Schönheiten, teils europäisch, teils nach spanischer Sitte gekleidete Gauchos* mit weiten Hosen, grellfarbigen Mänteln, breiten Hüten und richtigen Sporen, viele Pfaffen, Italiener und Fremde gewähren ein wunderbar anziehendes farbenprächtiges Bild. Eine mit sechs Maultieren bespannte Pferdebahn führt durch die Hauptstraße bis zum benachbarten Orte Union, wo sonntags militärische Übungen abgehalten werden.

Wie uns Bekannte erzählten, wurde allseitig der Ausbruch einer Revolution erwartet, welche hierzulande an der Tagesordnung sind.

Da ich bis zum 21. Mai keinen Brief von meinem Freunde Meyer erhalten noch einen in der Post, wie verabredet

war, vorfand, beschloss ich, nach Fray Bentos, dem Orte,
wohin ich bisher Briefe für Meyer gerichtet hatte, zu reisen,
um daselbst seine jetzige Adresse zu erfahren und ihn aufzusuchen. Ich nahm somit am 22. Mai Abschied von Devers
und Feddersen und fuhr abends 6 Uhr mit dem Steamer
„Saturno" den aus dem Zusammenfluss des Uruguay und
Paraná gebildeten La Plata hinauf. Am anderen Morgen
6 Uhr ankerten wir in weiter Entfernung vom Lande vor der
Stadt Buenos Aires.

Mit dem Steamer „Saturno" auf dem Rio Uruguay

Nachdem Waren mittels Leichter* gelöscht und geladen,
viele Passagiere ein- und ausgeschifft waren, fuhren wir
gegen 10 Uhr vormittags bis 9 Uhr abends den stellenweise
nur schmalen Rio Uruguay hinauf. In Fray Bentos fuhr ich
im Ruderboot an Land und kehrte in die erste beste Fonda*
Congreso ein, woselbst ich über Schmutz und Flöhe sofort
meine Freude hatte.

Nach dem Abendessen machte ich mit einem Zollbeamten einen Streifzug durch das schrecklich verwahrlost aussehende Nest, welches außer zweier Fondas, dem Zollgebäude, wenigen nahen Backsteinhäusern nur elende, mit Schilf
bedeckte Lehmhütten aufzuweisen hat; das einzige Sehenswerte waren die zehn bis zwölf Wirtschaften des Ortes, wah-
re Räuberhöhlen und drinnen noch trostloser als draußen.
Diese Ranchos* genannten Hütten bestanden aus vier drinnen geweißten Lehmwänden, statt der Fenster besaßen sie
eine mit einer Ochsenhaut zugehängte Türöffnung. Ein roh
aus alten Bierkisten zusammengenagelter Schanktisch, einige Holzbänke und an den Wänden befindliche Lehmbänke
bildeten das Mobiliar. Auf Flaschen gesteckte Talglichter
dienten zur Beleuchtung, die Gäste, fast nur Gauchos und
Peone*, Viehknechte und Arbeiter, waren mit großen

Hüten, farbigen befransten Tüchern, Ponchos*, weiten weißen ebenfalls befransten Unterhosen, über die ein buntes
Tuch, Chiripa, geschlagen war, das mit einem breitem reich
mit Silbermünzen besetztem Ledergürtel festgehalten wurde, bekleidet. Das lange Pflanzermesser ohne Scheide im
Gürtel und die mit Silber verzierte kurze Peitsche über die
Hand gehängt, vollenden die kleidsame Tracht. Zwischen
diesen meist mit richtigen Galgengesichtern ausgestatteten
Menschen waren einige hässliche, schwarzbraune, weiß
gekleidete Jungfrauen, welche ebenfalls den schönen Hamburger Genever und Bier tranken und nach den Tönen einer
Gitarre oder kleinen Drehorgel tanzten. Wie mein Begleiter
erzählte, fallen fast jede Woche Streitigkeiten durch Trunk
und Eifersucht veranlasst vor, die, da jeder sein Messer bei
der Hand hat, meistens einen blutigen Ausgang nehmen.

Die Liebig'sche Fleischextractfabrik in Fray Bentos

Am anderen Morgen ging ich nach der Liebig'schen Fleisch-
extractfabrik, um von einem gewissen Hansen, an welchen
ich von Hamburg aus meine Berichte für Meyer geschickt
hatte, dessen Aufenthalt zu erfragen. Leider war Hansen
verreist und seine Rückkehr unbestimmt. Mit der größten
Liebenswürdigkeit wurde mir vom Verwalter sofort mein
Gepäck aus der Fonda geholt und eine Wohnung in der
Fabrik angewiesen, um Hansens Rückkehr zu erwarten. Die
Fabrik bildet mit ihren Werktätigen, Schuppen und Wohnungen der Arbeiter und Angestellten eine kleine Stadt für
sich. Das aus weiter Ferne aufgekaufte und hergetriebene
Vieh muss sich auf großen Weiden von der Reise erholen,
von wo täglich die zum Schlachten bestimmte Anzahl nach
den in der Nähe der Fabrik befindlichen Gehegen, lat. Cor-
rales, getrieben wird. Hier werden die Tiere mit Lassos
gefangen und vor dem Schlachthause getötet, auf Wagen

hineingerollt und in wenigen Minuten enthäutet und zerlegt. Das Fleisch wird mittelst Hackmaschinen zerkleinert, ausgekocht und eingedampft. Die Rückstände, bis jetzt ohne Verwendung, werden nebst Blut und Abfällen ins Wasser befördert und locken eine unglaublich große Menge Fische zusammen. Außer Extrakt werden Knochen, Fett, Hörner und gesalzene Häute direkt von hier nach Europa verladen. Appetitlich und zum Genuss des Fleischextraktes einladend ist der Anblick solcher Anstalten eben nicht.

Zu Pferd unterwegs mit dem Postboten

Da inzwischen ein Brief von Hansen eintraf, dass er noch eine Zeit lang in der Nähe von Paysandú* bleiben müsse, beschloss ich, den am 28. Mai dorthin reitenden Postboten zu begleiten, um endlich Gewissheit über Meyers Aufenthalt zu erhalten. Nachdem wir die Ortschaft im Schritt durchritten hatten, setzten wir unsere Pferde in Galopp und erreichten nach mehrfachem Pferdewechsel in sog. Questas* um 4 Uhr nachmittags eine nahe am Rio Negro befindliche Pulperia*, wo ich total wundgeritten und zerschlagen abstieg.

Mein Begleiter befürchtete, dass ich nicht die ganze Tour aushalten würde; da er keine Zeit zum Ausruhen hatte, nahm ich dankend das Angebot der Eigentümer an, die Rückkehr des Postboten, dem ich einen Brief für Hansen mitgab, abzuwarten. Die zurückgelegte Wegstrecke von Fray Bentos bis hier führte ohne Weg querfeldein, fast ununterbrochen über wellenartiges, meistens offenes Land, wo überall große Herden Schafe und Rinder von berittenen Hirten gehütet wurden. Überall trafen wir Rebhühner, Geier, kleine Eulen, buntfarbige Vögel und ganze Herden Strauße. Carpinchos, d. h. große Wasserschweine, scheinen die Gewässer und Lagunen in großer Menge zu bewohnen, da ich überall an der Ufern die großen Kothaufen der Tiere erblickte.

Die Besitzer der Pulperia, von Bergen, welche sich mir als zwei Wandsbeker vorstellten, bewohnten zwei stark vergitterte Lehmhäuser, wo sie Lebensmittel, Getränke, Eisen, Manufakturwaren und alle nur erdenkbaren Artikel verkauften. Trotzdem weit und breit keine Wohnungen zu erblicken waren, hatten sie doch gut zu tun; es kamen besonders sonntags die Knechte von weit und breit hier zusammen, erhielten ihren Lohn ausbezahlt, kauften dafür ihre Bedürfnisse ein, hielten Wettrennen ab und vergeudeten ihr Geld beim Takasspiel von Monte. Am 30. Mai besuchte ich die Eigentümer des Landes, Gebr. Wendelstadt, welche in der Nähe ein prächtig angelegtes Gut mit großen Herden Schafen, Rindern und Pferden besaßen. Alle Gebäude waren europäisch erbaut und eingerichtet und die Privatwohnungen mit dem größten Luxus ausgestattet. Die Gärten hinter dem Wohnhause enthielten Zitronen, Orangen, Feigen und alle nur denkbaren europäischen Fruchtbäume sowie die prachtvollsten Blumen und Zierpflanzen.

Mit dem Steamer nach Buenos Aires

Montag, 31. Mai, kam mein Postbote mit der für alle alarmierenden Nachricht von dem Ausbruch der Revolution zurück. Da die Rebellen schon das nahe Mercedes besetzt hatten, und ich befürchtete, von der Küste abgeschnitten zu werden, so ritt ich sofort mit ihm zurück. Nachmittags in Fray Bentos angelangt, traf ich Hansen, welcher Tags vorher eingetroffen war. Derselbe teilte mir mit, dass Meyer schon vor Monaten nach Buenos Aires gegangen sei, und dass ich seinen genauen Aufenthalt bei einem Herrn Kratzenstein erfahren würde. Zum Glück passierte am Abend der von Salto kommende Steamer „Fray Bentos", mit dem ich sofort

die Reise nach Buenos Aires antrat, wo ich am 2. Juni eintraf und im Hotel del Norte abstieg. Der Fluss vor der Stadt
war so flach, dass die größeren Schiffe meilenweit vom Lande entfernt ankern mussten. Waren und Passagiere wurden
mit Leichterfahrzeugen näher ans Ufer gebracht. Die Leute
bestiegen hier, je nach dem Wasserstande, kleine Boote oder
Karren und wurden damit zur langen Landungsbrücke
gefahren. Die Waren wurden stets von den Leichtern auf
Karren geladen und so an Land geschafft. Originell sieht es
aus, den ganzen Hafen voller Karren mit den vorgespannten
Pferden, Mauleseln oder Ochsen zu betrachten. Die bedeutende Stadt bietet vom Flusse aus keinen angenehmen
Anblick, da das Land ohne jegliche Erhöhung ist und die
Gebäude unregelmäßig und meistens ärmlich erbaut sind.
Auch hier sind alle Straßen schnurgerade mit rechtwinklig
laufenden Querstraßen.

Nachdem ich von Kratzenstein erfahren hatte, dass Meyer sich in Frayle Muerto in der Provinz Cordoba niederge-
lassen hatte, suchte ich noch neue Bekannte auf, besah mit
ihnen die Stadt, besuchte das Theater, den deutschen Klub,
die Turnhalle und sonstige Vergnügungslokale.

Weiterreise auf dem Tegré und Paraná nach Rosario

Am Sonntag, dem 6. Juni, ließ ich mein Gepäck auf den
Bahnhof Retiro schaffen und fuhr 8.30 Uhr mit der Eisen-
bahn nach dem Flusse Tegré. Hier bestieg ich den schon
bereitliegenden Steamer „Capitan" und erreichte Montag-
morgens 10 Uhr Rosario. Die Fahrt durch den Tegré bis zum
Paraná war ganz entzückend. Der Fluss hatte so geringe
Breite, dass das Schiff oft die Bäume an beiden Ufern streif-
te; diese waren oft mit Oleander, ganzen Waldungen wilder
Orangen voll goldgelber Früchte bedeckt. An kleinen
Nebenkanälen lagen viele kleine hoch auf Pfahlwerk erbau-

te Ansiedlungen, wo große Seeschiffe Häute und Knochen luden. Als wir nachmittags in den hier noch sehr breiten und mächtigen Paraná einliefen, wurde der Anblick monoton. Die Ufer waren häufig bewaldet mit hohen senkrecht abfallenden Barrancas*, dann wieder waren weite Strecken flach und mit Schilf bewachsen, wo sich große Scharen Reiher und Wasservögel aufhielten.

Die Stadt Rosario de Santa Fé, welche einen weit freundlicheren Anblick als Buenos Aires bietet, liegt auf dem hohen, stellenweise auch hier senkrecht abfallenden Ufer. Am Strande standen nur wenige Bretterbuden und Reethütten; von hohen Trauerweiden umgeben, ein altertümliches Ballhaus und einige Matrosenkneipen. Mein Gepäck ließ ich sofort vom Paritan* mittelst der gebräuchlichen zweirädrigen Karren auf den ziemlich entfernten Bahnhof schaffen.

Mit der Eisenbahn ins Landesinnere

Am 8. Juni, 7.30 Uhr morgens, fuhr ich nun mit der von einer englischen Gesellschaft erbauten Eisenbahn ins Innere des Landes. Leider war mein weniges Reisegeld auf einen halben Bolivianos zusammengeschmolzen. Die Bahnlinie von Rosario führte ununterbrochen durch ebenes Land, wo nur Schafe, eine gelb aussehende Grassorte, aber kein Busch noch Baum zu erblicken war. Nur ab und zu auftauchende Strauße, Hirsche, Hornvieh und lange Züge beladener Maultiere, von wild aussehenden Reitern begleitet, unterbrachen das ewige Einerlei. Die Linie war meistens mathematisch gerade angelegt und man konnte die Telegrafenstangen, zu denen Palmstämme verwendet worden waren, meilenweit mit dem Auge verfolgen. Vor jeder Station, wo der Zug hielt, waren stets viele Reiter, welche sich hier zusammengefunden hatten, um Sachen und Briefe zu empfangen, woraus zu schließen war, dass doch viele bewohnte Plätze zerstreut in der Pampa* liegen mussten. Bei Cacarana passierten wir eine große eiserne Brücke über den Rio Tercero und einige Meilen vor Frayle Muerto einen prachtvollen Algarobawald*. Die Bäume mit akazienartigen Blättern haben Ähnlichkeit mit unseren Eichen. Nachmittags 4 Uhr stieg ich vor dem großen schön erbauten Bahnhof der Station Frayle Muerto aus.

Aufbesserung der Finanzmittel durch Fotografieren

Als die Leute sich verlaufen hatten, fragte ich den Stationschef, welcher zum Glück ein deutsch sprechender junger Däne namens O. Jensen war, wie ich am besten mein Gepäck nach der einige Meilen entfernten Estancia* von Meyer befördern könne. Ich bekam die mich ernsthaft entsetzende Nachricht, dass Meyer heute früh mit dem von hier gehenden Zuge nach Buenos Aires gefahren und dass es ungewiß sei, ob er überhaupt wieder herkäme. Als Jensen meine Bestürzung bemerkte und sich erkundigte, was ich bei Meyer wollte, erzählte ich ihm offen meine Lage. In liebenswürdiger Weise offerierte er mir Wohnung in der Station und riet mir, an Meyer zu schreiben, statt gleich wieder zurückzufahren. Beim Abendessen im Restaurationssaale kam das Gespräch darauf, dass ich einen fotografischen Apparat bei mir habe. Ich musste dem Wirte versprechen, die Station und das Personal aufzunehmen. Als am anderen Morgen der Zug von Villa Maria mit mehreren englischen Ingenieuren und Kaufleuten aus Rosario eintraf und diese sahen, dass fotografiert werden solle, blieben sie hier, waren sofort behilflich, mir den günstigsten Standpunkt zu verschaffen, und forderten mich auf, auch die eine Meile entfernte Brücke über den Rio Tercero sowie einige hübsche Waldpartien aufzunehmen. Vom Glück und schönstem Wetter begünstigt, fielen die Bilder sehr gut aus, und ich erhielt von allen Seiten so viele Aufträge, dass ich Papier, Karton und Chemikalien durch den Zugführer von Rosario bringen ließ und Tag und Nacht zu arbeiten hatte.

Nach 14 Tagen, als mein Freund Meyer erschien, hatte ich bereits über 500 Bolivianos gespart, sodass ich dessen Hilfe nun nicht mehr bedurfte. Meyer hatte sich in der Nähe des Städtchens vor einigen Monaten eine Estancia gekauft. Auf Zureden von ihm beschloss ich, bis Ende des Jahres, wo er frei zu sein hoffte, hierzubleiben.

Arbeit als Maschinist auf Dampfpflügen im Indier Camp

Da mit Fotografieren und dem Verkauf der Ansichten schließlich nicht mehr viel zu verdienen war, nahm ich eine mir offerierte Stellung als Maschinist bei einem Schotten Melrose für einen seiner Dampfpflüge an. Seine Besitzung „Las Playas" lag elf Meilen südlich im Indier Camp, wo bis Ende September eine unabsehbare Fläche Landes mit zwei Lokomobilen gepflügt und mit Weizen besät wurde. Als die Arbeit beendet war, bezog ich wieder meine alte Wohnung bei Jensen, wo ich mit unseren englischen Estancieras ein freies wildes Leben mit Jagden auf Strauße, Panzerfische, Biscartschers* und Iguanas* führte. Beständig wurde mit Büchse und Revolver geschossen, viele Ausritte auf die umliegenden Estancias unternommen. Wettrennen, Spiel- und Tanzvergnügungen mit den Schönheiten des Städtchens und der Ranchos abgehalten.

In unmittelbarer Nähe des Bahnhofs lagerten häufig Troperos* mit ihren großen zweirädrigen, je mit vier bis zwölf Ochsen bespannten Karren, welche Leder, Tabak und Wein von Tucuman brachten. Mehrfach hatten diese Leute ihre Familien bei sich, unter denen oft bildschöne Frauen und Mädchen waren. Sie erzählten uns so viel von der Schönheit ihrer Provinz, welche der Blumengarten Argentiniens

genannt wird, dass in mir der Wunsch aufstieg, einmal einen
Ritt nach dieser so verführerisch geschilderten Gegend zu
unternehmen. Nachdem meine Reisepläne mit Meyer sich
zerschlagen hatten, verließ ich am 15. November den lieb
gewonnenen Ort und fuhr, von Jensen und einem mir sehr
befreundet gewordenen Myles Cooper begleitet, nach Villa
Maria.

Frayle Muerto

Die ca. 400 Einwohner zählende Stadt Frayle Muerto liegt
am tief eingeschnittenen, vielfach gewundenen Fluss Tercero ca. 3/4 Legua* von der Eisenbahn entfernt, wohin ein
hübscher Weg durch Wald und Camp führt. Auf der kahlen
Plaza und den diese umgebenden Straßen standen einige
moderne Gebäude, sonst gab es außer einem Café, einer
Fonda Italiana und einer Mühle nichts als Hütten und Ranchos, welche von Pfirsich- und Feigenbäumen und Tunas*
umgeben waren. Großes Vergnügen bereiteten Spazierritte
durch den herrlichen Algarobawald längs des Flusses besonders im Oktober, wenn hier der Frühling eintritt. Die meisten Bäume bekamen frisches Grün, Obstbäume waren mit
Blüten bedeckt, der weite Camp durch blaue und rote Ver-
benen, gelbe Fingerkrautblumen in einen farbigen Teppich
verwandelt. Überall nisteten und sangen schön gefiederte
Vögel.

Auf der Fahrt bot sich mir die Gelegenheit, viele Balleste-
ros*, die hier so gefürchteten Heuschrecken, beobachten zu
können. Sie flogen wie ein heftiges Schneegestöber gegen die
Scheiben des Waggons, waren etwas größer als unsere grünen Grashüpfer und von gelbbrauner Färbung. Die geflügel-
ten Tiere sind für den Landwirt nicht so gefährlich, da sie
durch Lärm, Feuer und Rauch verjagt werden können. Wo
sie jedoch ihre Eier abgelegt haben und die junge Brut aus-

kriecht und meilenweit den Boden zollhoch bedeckend wei-
terwandert, ist fast keine Hilfe möglich. Maisfelder mit acht
bis zehn Fuß hohen Pflanzen werden in einer Nacht bis zur
Wurzel vertilgt.

In einer Woche mit der Maultiertropa von Villa Maria nach Tucuman

Villa Maria, eine mit der Bahn entstandene Ansiedlung, hat
außer den großen Bahngebäuden nur sechs bis sieben Häuser. 1/2 Legua an der anderen Seite des Rio Tercero liegt die
alte Stadt Villanuova, einst mit bedeutendem Handel, da alle
Tropas*, von denen oft mehrere Hundert zur gleichen Zeit
vor der Stadt lagerten, ihre Waren von und für Mendoza,
Rioja, San Luis, Catamarca, Santiago und Tucuman hier
umluden, doch hat sich jetzt aller Verkehr nach Villa Maria
verlagert.

Ich traf hier mit einem Tropero, Ignacio Garcia, ein
Übereinkommen, worauf er für 25 Bolivianos mein Gepäck
nach Tucuman schaffen musste und für mich ein Reitmaul-
tier zu stellen hatte. Seine Tropa bestand aus ihm, seinem 9-
jährigen Sohne, einem Capataz*, 22 Knechten, 50 Reserve-
maultieren und zwölf zweirädrigen Holzkarren mit Leinen-
dach, jeder ca. 100 arrobes* Ladung fassend, von je drei
nebeneinander gespannten Tieren gezogen.

Cordoba

Am 17. November startete die Reise. Nachdem wir ganz
ebenes Land, stellenweise mit dichten Algarobas und Cha-
ñares-Wald* bestanden, durchzogen und den breiten und
flachen Rio Segundo passiert hatten, erblickten wir am
26. November die prachtvoll in einem weiten Tale gelegene
Stadt Cordoba mit ca. 20 000 Einwohnern. Viele Kirchen,
Klöster, altertümliche Gebäude, eine freundliche Plaza, ein

kleiner See von alten Weiden umgeben, Trottoire von weißen Kalksteinen, welche ebenso wie die geweißten Häuser
die Hitze schrecklich zurückstrahlten, war alles, was ich
beim Durchreiten aufnehmen konnte. Der Anblick der
Stadt, von grünen Gärten und Feldern umgeben, vom Rio
Primero durchflossen und mit hohen Gebirgen im Hintergrunde, war ganz entzückend.

Am 28. November betraten wir bei dem alten Jesuiten-
kloster Jesus Maria zuerst Gebirgsgegend. Die zu diesem
Kloster gehörenden Gärten waren prächtig angelegt und
voll der schönsten Orangen, Feigen, Granat, Pfirsichbäume
und Weinreben, jedoch in einem sehr verwahrlosten Zustande.

Bis zum 3. Dezember durchzogen wir langweiligen niedrigen Buschwald, wo nur die oft auftretenden riesigen Kakteen, oft Bäume von 30 bis 40 Fuß Höhe mit roten und gelben Blüten und die vielen großen Leuchtkäfer, Tucus*, meine Aufmerksamkeit erregten. In Frayle Muerto hatte ich bisher nur eine kleine Art mit blitzartig aufscheinendem Lichte
am Unterkörper gesehen, hier waren es anderthalb bis zwei
Zoll lange dunkle Käfer, zwei gelbe Flecken hinter den
Augen strahlten ein beständiges, sehr helles Licht aus. Ich
steckte drei von diesen Käfern in eine Flasche, sie verbreiteten hinreichende Helligkeit, um im Dunkeln kleine Schrift zu
lesen.

Die Salzsteppe

Am 7. Dezember erreichten wir die verrufene Salzsteppe,
Salinas, welche von fast undurchdringlichen, hauptsächlich
aus Quebrachas*, Chañares und Kakteen bestehenden Wäldern umgeben war, wo wir viele rehähnliche Hasen,
Maras*, Guanacos* und kleine Schildkröten antrafen.
Soweit das Auge reichte, war der weich-feuchte Boden mit
einer blendend weißen Schicht Bittersalz bedeckt und der

eingeschlagene Weg durch Gerippe hier verschmachteter Ochsen und Mulas* gezeichnet.

Den dritten Tag hatten wir diese Salzsteppe durchzogen und kamen wieder in eine Waldregion. Eines Nachmittags ritt ich unserer sich langsam durch den Sand arbeitenden Tropa voraus, um in dem nächsten Hause etwas Proviant für mich zu kaufen. Garcia warnte mich, hier alleine den einsamen Waldweg zu reiten, da drei Räuber die Gegend unsicher gemacht und vor einigen Tagen andere Reisende ausgeplündert hätten. Gut bewaffnet mit Büchse und Revolver wollte ich keine Furcht zeigen und ritt lustig meines Weges. Kurz vor Eintritt der Dämmerung erblickte ich auf einem sehr schlechten Wege drei hintereinander reitende, wild aussehende, mit Ponchos und großen Hüten bekleidete Leute, jeder eine Flinte vor sich haltend, in welchen ich natürlich die besprochenen Räuber zu erkennen glaubte. Ich zog also meinen Revolver hervor, machte meine Büchse vom Sattel los und ließ die Leute näher kommen. Höflich grüßend ritten sie vorbei, als der Letzte von ihnen sein Tier anhielt und mich fragte, wohin ich wolle. Auf meine Antwort, dass meine Reisegesellschaft folge, erzählte er mir auch die Geschichte von den Räubern und gab mir den Rat, bei meinen Begleitern zu bleiben. Abends 9 Uhr erreichte ich Campo Vielle, wo Garcia mir am anderen Morgen Vorwürfe machte, dass ich drei ehrbaren Handelsleuten aus Santiago durch das Hervorziehen meiner Waffen solchen Schrecken verursacht hätte, sodass sie dadurch in mir einen der Räuber vor sich zu haben glaubten.

Leben im Adobahaus
In dieser Estancia verweilten wir bis zum anderen Tage. Das Leben in diesen, vom Verkehrswege abgelegenen Hütten ist über alle Maßen einfach. Das strohgedeckte Adobahaus* ohne Fenster, mit lederner Tür, enthält als Mobiliar einen

Tisch, einige mit Schaffellen überzogene Sessel und einige
lederne Koffer zum Aufbewahren der Kleider. Hölzerne
Bettrahmen, mit Lederstreifen bespannt, auf denen Ponchos
und Felle lagen, standen unter der Veranda. Bei unserer
Abendmahlzeit wurde der Tisch mit einem seit Jahren nicht
gewaschenen Tuche bedeckt und eine große Schüssel Zie-
genmilch mit drei Hornlöffeln sowie eine in der Haut gebra-
tene Ziege auf den Tisch gestellt. Von dem wie verkohlt aussehenden Ziegenbraten schnitt sich jeder der Gäste mit dem
bei sich führenden Messer einen Fetzen ab und verzehrte den
saftigen Braten ohne Gabel und Teller. Garcia spendierte
eine Damaguana* Wein, und die Nacht wurde bei Gitarren-
spiel, Gesang und den hiesigen Tänzen Zama cueca und
Gato vergnügt verbracht. Große Sittenstrenge schien in diesen abgelegenen Gegenden ebenfalls nicht zu herrschen.

In den während der folgenden Tage durchrittenen Wald-
dörfern Retiro und San Antonio leben die Einwohner nur
von Maisanbau und Ziegenzucht. Wasser ist sehr spärlich
und wird aus 60 bis 80 Ellen* tiefen, noch von den Spaniern
angelegten Brunnen gezogen. Große Beschwerden verursacht hier der sich regelmäßig morgens von 10 bis 11 Uhr
erhebende Wind, welcher auf dem gänzlich kahlen Waldboden zwischen den Bäumen große Dünen zusammenweht. In
der Nähe des Dorfes El Carmen erblickte ich zum ersten Mal
die mit Schnee bedeckten Kordilleren.

Die Provinz Tucuman
Am 17. Dezember überschritten wir die Grenze der Provinz
Tucuman; hier bekam die ganze Gegend sofort ein anderes
Aussehen. In der weiten, von bewaldetem Gebirge begrenz-
ten Ebene, welche sich bis zur Stadt Tucuman erstreckt,
lagen viele kleine freundliche Ortschaften mit sehr ansehnli-
chen, meist üppigen Frauen von einer wachsartig weißen
Farbe.

Überall trafen wir grüne Wiesen mit Rindern und Pferden, Felder mit Mais, Tabak und Zuckerrohr bepflanzt und von vielen Gebirgsflüssen durchzogen. Die die Abhänge der Berge und stellenweise das Tal bedeckenden Wälder bestanden aus mächtigen Zedern, Lorbeer- und Nussbäumen, von denen die meisten vom Gipfel bis zur Erde mit Schlingpflanzen, Farnen und Aloearten bedeckt waren.

Am 24. Dezember ritten wir frühmorgens endlich in die Stadt Tucuman ein, wo ich nach Verabschiedung von Garcia ein Hotel aufsuchte und mein Gepäck dahin bringen ließ.

Was nun das Leben während der 37-tägigen Reise anbetrifft, bot sich im großen Ganzen wenig Abwechslung dar. Einmal an das tagelange Reiten gewohnt, machten nur unsere Fütterung, der durch die Wagen und vielen Tiere verursachte entsetzliche Staub und eine, namentlich in den Salinas auftretende kleine Fliege, Quejenes genannt, deren Stich heftiges und anhaltenden Jucken verursacht, einige Beschwerden. Gewöhnlich wurde von 4 bis 12 des Morgens und von 3 bis 6 Uhr des Nachmittags geritten.

Mahlzeiten am Lagerfeuer

Vor dem Abmarsch gab es nach hiesigem Gebrauche nichts zu essen, nur nahmen Herr und Knechte das hiesige Nationalgetränk Mate zu sich, nach welchem ich jedoch keinen Appetit verspürte.

In die Schale einer wild wachsenden Kürbisart, Mate genannt, wird etwas Yerba, ein von Paraguay importierter gelber Stoff, aus den gedörrten Blättern und Zweigen eines Busches oder Baumes bereitet, ein wenig Zucker getan, kochendes Wasser aufgegossen und der gelbe Extrakt mittels einer unten siebartig durchlöcherten Metallröhre aufgesogen. Da schon nach wenigen Zügen die Schale geleert ist, muss stets ein Kessel kochenden Wassers zur Hand sein, aus dem nachgegossen wird. Dieser Matetopf geht ununterbrochen von Mund zu Mund, Herr und Knecht, Mann, Frau, Alt und Jung, alles sabbelt mit Wohlgeschmack an dieser niemals abgewischt noch gereinigt werdenden Metallröhre.

Mittags wurde rasch abgesattelt, in der Pampas trockener Dung, anderswo Bäume und Holz zusammengeschleppt, Feuer angezündet und von den Knechten Essen bereitet. Stets gab es Caldo* mit Reis, durch Aji*, spanischen Pfeffer, für mich anfangs fast ungenießbar gemacht, ferner Asado*, am Spieß oder direkt auf den Kohlen gebratenes Fleisch, Galletas* und Wein. Abends dieselbe Speisekarte. An einem der Wagen hing ein kleiner Tisch, an welchem Garcia, sein Sohn, der Capataz und ich unsere Mahlzeit einnahmen, währenddessen die unbeschäftigten Knechte um uns herumlagen, Geschichten und gehabte Liebesabenteuer erzählten und sich gegenseitig die Köpfe lausten, die Beute auffressend, wahrscheinlich um meinen Appetit zu reizen. Großes Entsetzen bereitete mir anfangs unsere blecherne Suppenschüssel, welche morgens Garcia als Waschkanne diente und, meistens nur mit Gras und Sand ausgewischt, wieder auf der Tafel erschien. Nach dem Essen wurde geraucht und geplaudert, oder ich musste, wenn ich nicht umherstreifte, um irgendein Tier zu schießen, meine Zither hervorholen.

Das Nachtlager wurde stets im Freien aus Satteldecken bereitet, und wir hatten, mit Ausnahme weniger Nächte, wo es regnete, höchst angenehme Temperatur und sternenklaren Himmel. Am Tage dagegen herrschte vielfach schrecklich drückende Hitze.

Tucuman 1870

In Tucuman wurde ich sofort durch mehrere Empfehlungsbriefe mit den wenigen hier lebenden Deutschen bekannt. Anfang Januar trafen zwei wohlhabende Engländer mit der Post hier ein, mit welchen ich recht befreundet wurde. Da wir dasselbe Hotel bewohnten, ritten wir viel auf die Jagd, spazierten und fotografierten. Mit einem derselben, Ar. Maxwell, verabredete ich, die Reise über Salta, durch Bolivien und Peru nach Lima zu Pferde zu unternehmen.

Die Stadt Tucuman mit ihren 10 bis 15 000 Einwohnern liegt anderthalb Leguas vom Gebirge entfernt inmitten einer Ebene, wo viel Zuckerrohr, Reis, Mais und Tabak und etwas Viehzucht getrieben wird. Die Stadt ist für ihre geringe Einwohnerzahl eine unverhältnismäßig große Ansiedelung, weil die meisten Gebäude von Gärten und Quintas*, mit hohen Lehmmauern umfasst, umgeben sind. An der mit prächtigen Orangenalleen bepflanzten Plaza liegen zwei Hauptkirchen, das Stadthaus, mehrere Cafés und einige ansehnliche Wohnhäuser. Dreimal in der Woche und samstags werden hier Konzerte abgehalten, wo dann die feine Welt in der elegantesten und wirklich geschmackvollsten Kleidung in den Alleen promeniert. Die Männer sind hier meistens klein und schwächlich, die Frauen dagegen groß, ansehnlich und von äußerst graziösem Benehmen. Die Straßen, breit und gerade, sind am Tage öde und verlassen, höchstens erblickt man Dienstboten und einige Geschäftsleute. Der Hitze wegen (im Januar notierte ich 28 bis 35° Reaumur* im Schatten) bleibt jeder anständige Mensch im Hause und kommt erst mit Anbruch der Dämmerung zum Vorschein. Frauen und Kinder laufen dann eifrig zur Kirche. In den meisten Familien herrscht große Frömmigkeit, Armut und Liederlichkeit dank der vielen Pfaffen und Klöster. Der beste Beweis der Armut ist wohl, dass nicht einmal die genügsamen italienischen Orgeldreher hier ihren Lohn finden und somit den Platz meiden. Die Mehrzahl der Einwohner ernährt sich nur mit Mais, Reis, Kürbis, Orangen, Tunas und Zuckerrohr.

Außer der auch in Rosario, Frayle Muerto und Cordoba üblichen Karren gibt es hier keine Fuhrwerke. Das Innere

der Häuser, namentlich die Küche und Latrina*, ist entsetzlich, was Schmutz und Ungeziefer anbetrifft. Flöhe, Wanzen,
Vinchucas* und große fliegende Feuerwürmer sind überall,
auch in unserem Hotel, eine große Plage.

Reise mit Maultieren über die Kordilleren nach Bolivien

Anfang Februar ritt ich mit Maxwell nach dem zwölf Leguas entfernten Monteras, wo Ignacio Garcia wohnte, von
welchem wir uns zu unserer Reise vier Gepäck- und zwei
gute Sattelmulas besorgen ließen. Den 23. Februar schickte
er uns die Tiere mit einem Peone, welcher uns eine Strecke
begleiten sollte, um uns die Behandlung der Tiere und
namentlich das Laden der Gepäckmulas zu zeigen.

Am 24. Februar traten wir nun unsere viele Hundert
deutsche Meilen* lange Reise an. Anfangs ging es prächtig,
und wir waren lustig und vergnügt. Als unser Peon uns
jedoch in Vipos verließ und wir nun allein unser Heil mit den
Tieren versuchen sollten, stellten sich so viele Widerwärtig-
keiten ein, dass, hätten wir nicht den Spott der Leute
gefürchtet, wir am liebsten umgekehrt wären. Dazu hatten
wir fast täglich Gewitter und Regen, konnten die hoch ange-
schwollenen Flüsse nicht passieren und mussten tagelang an
den Ufern liegen bleiben. Hinter dem Orte Blanchitos verloren wir den Weg, kamen in so wilde Gebirgsgegend, dass wir
schließlich ein Lager aufschlagen mussten, da wir nicht
rück- noch vorwärts konnten. Glücklicherweise bot sich uns
hier eine prachtvolle Jagd dar, Dutzende von Truthähnen
(Pavas del Monte) wurden erlegt, sodass wir unser Unge-
mach vergaßen. Am Rio Pasage war die Brücke durch Hoch-
flut zerstört, wir waren daher wieder gezwungen, einige
Tage zu warten. In der hiesigen Posthalterei traf ich einen
Bekannten aus Frayle Muerto, welcher uns den zu nehmen-
den Weg beschrieb.

Nachtwache gegen Jaguare

Am 10. März durchritten wir den Pasage und eine dahinterliegende, durch viele Jaguare sehr verrufene Gegend. Ehe wir die nächste Ortschaft erreichen konnten, überraschte uns die Dunkelheit und wir mussten im dichten Walde unser Lager herrichten. Sofort, als wir die Tiere absattelten, fingen sie an zu scheuen und ganz eigentümlich zu schnauben; wir schlossen daraus, dass sich ein Raubtier in der Nähe aufhalte. Nachdem die Tiere mit Lassos und Mancas gut befestigt waren, zündeten wir ein mächtiges Feuer an und beschlossen, abwechselnd die Nacht zu wachen. Nach eingenommener Mahlzeit gingen wir mit unseren Büchsen, soweit die Helligkeit des Feuers reichte, in den Wald, um möglicherweise einen Jaguar zu erspähen. Bis gegen Mitternacht, bis wohin ich die Wache übernommen und ein sehr helles Feuer unterhalten hatte, fiel nichts vor, ich legte mich schlafen. Maxwell übernahm die Wache. Wie lange ich gelegen, wusste ich nicht, als plötzlich ein Lärm und Geschrei mich weckte. Maxwell hatte sich hingesetzt, war eingeschlafen und hatte das Feuer erlöschen lassen. Höchstwahrscheinlich war ein Jaguar näher gekommen und hatte die Mulas veranlasst, in ihrer Angst die Lassos zu zerreißen und wegzulaufen. Nachdem wir endlich wieder Feuer angefacht hatten, suchten wir, soweit wir den Lichtschein sehen konnten, den Wald ab und fanden ein Maultier, welches sich in dem nachschleifenden Lasso verwickelt hatte; die übrigen Tiere waren fort. Bei Tagesanbruch ritt ich nach langem vergeblichen Suchen zur nächsten Posta und ließ von den Leuten unser Gepäck dorthin schaffen. Als nach zweitägigem Warten die ausgeschickten Leute, welchen wir zehn Bolivianos pro Tier versprachen, ohne diese zurückkehrten, mieteten wir uns Posttiere und erreichten am 14. März die Stadt.

Schon am dritten Tage bekam ich das hier oben so stark wie in Tucuman verbreitete Fieber Chuchu*, welches mit

Kopfschmerz, Mattigkeit, Appetitlosigkeit und heftigem Schüttelfrost beginnt. Durch eine starke Dosis Chinin war ich in acht Tagen schon davon befreit und wieder hergestellt.

In Salta

Auch hier waren wir in kurzer Zeit mit den Deutschen und Engländern bekannt geworden, machten häufig Besuche in benachbarten Estancias und unternahmen Jagdpartien in die Berge. Die Stadt Salta, etwas kleiner als Tucuman, liegt ebenfalls in einer Ebene, ringsum von den Bergen eingeschlossen. Die meisten Straßen sind eng, mit altertümlich im spanischen Stile erbauten Gebäuden und mit lebhaftem Verkehr. Die Bewohner sind vielfach indischer* Abkunft und sprechen alle neben Spanisch die alte Indiersprache* Quichua. Ziemliches Gewühl herrschte des Morgens in den Hauptstraßen und auf dem Marktplatze, wenn Indier aus den umliegenden Tälern und dem Campo santo auf kleinen Eseln Holz, Früchte, Gemüse und Getreide zum Verkaufe brachten. Im nahen rasch fließenden Flusse waren am Tage viele Neger- und Indierfrauen mit Waschen und Baden beschäftigt. Die Mehrzahl der Wohnungen, mit Ausnahme derjenigen eines Freundes, hatte auch hier wenig Behaglichkeit und Luxus, so waren z. B. Fensterscheiben fast unbekannt. Flöhe gab es hier noch mehr als in Tucuman. In unserem Tambo* konnten wir uns kaum unserer Haut wehren und mussten, wenn wir einigermaßen ruhig schlafen wollten, uns, auf einem Stuhl stehend, gänzlich entkleiden und den Körper gehörig abreiben, um dann mit einem Sprunge das mit Insektenpulver bestreute Bett zu erreichen. Wenn wir zur Essenszeit in den Speisesaal gingen, wurden jedesmal vorher die Strümpfe ausgezogen und in jedem wenigstens 30 bis 40 Flöhen das Lebenslicht ausgeknickt.

Weiterreise mit einer Tropero
Durch den erlittenen Verlust unserer Mulas und den gehabten Verdruss waren ich und Maxwell davon abgekommen,
die Reise ohne Knecht fortzusetzen. Ein Landsmann Maxwells, Apotheker Flemming, hatte uns einem Tropero Torini empfohlen, welcher jedes Jahr Mulas von Calamarca und
Tucuman holt, sie hier auf seiner Besitzung fett macht und
dann nach Bolivien und Peru führt. Mit diesem wurden wir
handelseinig, dass seine Knechte unsere Tiere, welche wir
uns hier neu gekauft hatten, sowie unser Gepäck in Obhut
nehmen sollten.

Am 7. April, nachdem wir einige Tage vorher noch die
großartig gefeierte Nachricht vom Tode des Präsidenten
López von Paraguay und den Friedensschluss mitgemacht
hatten, ritten wir beide nach einem acht Leguas entfernten
Städtchen Rosatrio del Toro, wo unser Reisebegleiter Torini
wohnte und von wo wir die Reise antreten mussten. Torini
hatte fast 300 wilde Maultiere, acht beladene Tiere und acht
Knechte bei sich, mit denen er am 8. April aufbrach.

Durch wilde Gebirgstäler, tiefe Schluchten, weite kahle
Ebenen, wo es nur Sanddünen und große Salzlagunen gab,
wo riesige Stangenkakteen, Tobe* und Yurete*, den schon
aufhörenden Baumwuchs ersetzten, waren wir bis zum
15. April schon zu einer bedeutenden Höhe emporgestiegen.
Bei einem einzelnen, in dieser menschenleeren Gegend gelegenen Hause, Casa Vinda, trafen wir nach einem furchtbaren Gewitter mit Schneesturm einen Kompagnon von Torini namens Napoleon, welcher seine 400 Mulas und zwölf
Knechte mit unserer Tropa vereinigte.

Über die Grenze Boliviens
Am 18. April überschritten wir bei der Indierstadt Estarca
die Grenze Boliviens, wo für jedes Tier fünf Bolivianos Steu-
er entrichtet wurde. Die Einwohner, von denen nur die

Beamten spanisch sprachen, waren eigentümlich gekleidet. Männer wie Frauen trugen Zöpfe und Filzhüte. Erstere hatten Jacken mit blanken Knöpfen, bloße Waden und Füße, an denen Sandalen befestigt waren. Die Frauen trugen blaue Wollröcke, die bis zu den Knien reichten, blaue wollene Hemden und ein dickes um die Schultern gebundenes blaues Tuch, welches vorn mit einer silbernen Nadel festgesteckt war.

Leider hatten wir beide es aus Unkenntnis des Landes versäumt, uns mit warmer Kleidung zu versehen, wir besaßen außer unserem Überzieher nur leichtes Sommerzeug. Um uns gegen die alles durchdringende empfindliche Kälte (das Thermometer zeigte nachts schon 4° R unter Null) etwas zu schützen, zogen wir unsere sämtlichen im Besitz befindlichen Wollhemden an. Für die Nacht hatte ich mir vier große Schaffelle gekauft und sackartig zusammengenäht, sodass ich, von einem gegerbten Kalbfell gegen Regen überdeckt, prachtvoll schlief.

Überquerung der Kordilleren

Am 20. April brachen wir schon nachts 2 Uhr aus unserem Nachtlager in Catarca auf, erreichten bei Sonnenaufgang die berühmte Cuesto*, wo wir volle vier Stunden im Zickzack steil bergan kletterten. An vielen Stellen war der Pfad nur eben breit genug, ein beladenes Tier durchzulassen, an der einen Seite glatte, nackte Felswände, an der anderen schroff abfallende Schluchten.

Dabei haben die Mulas die üble Gewohnheit, auf diesen glatten, gefährlichen Wegen stets so nahe wie möglich an den Abhängen zu laufen, selbst da, wo die Wege breiter sind. Da ich beinahe aus dem Sattel und hinten vom Tiere rutschte und immer krampfhaft die Mähne festhalten musste, stieg ich bei erster Gelegenheit ab, um zu Fuß zu gehen: Torini zwang mich jedoch, als er es bemerkte, sofort wieder aufzusteigen, da bei der dünnen feinen Luft nur zu leicht Lungen-schlag* eintreten kann, es überdies bei den vielen wilden bösartigen Tieren lebensgefährlich ist, zwischen ihnen zu gehen. Selbst beritten schlagen und beißen sie oft nach den Reitern. Abends 9 Uhr stiegen wir endlich ab und legten uns nach einer tüchtigen Mahlzeit sofort zwischen hohen Fels-blöcken schlafen. Volle 19 Stunden waren wir nicht aus dem Sattel gekommen und hatten eine Höhe von mehr als 10 000 Fuß erstiegen. Am anderen Morgen erreichten wir die alte Minenstadt San Vincente, 16 455 Fuß* hoch über dem Mee-resspiegel mit nur 500 bis 600 Bewohnern. Die umliegenden Berge sollen früher viele sehr reichhaltige Silberminen ent-halten haben, welche jetzt meistens erschöpft sind.

In der Minenstadt San Vincente

Bei einer als sehr wohlhabend geltenden Frau kehrten wir ein und lernten zum Frühstück die von den Argentiniern so berühmte Chupe, ein Gericht aus frischen und aus gänzlich ausgefrorenen Kartoffeln, Ananas, Zwiebeln, Kürbis und Hammelfleisch bestehend, kennen. Im Hause herrschte etwas Luxus, da Fensterscheiben, dicke Fußdecken und Bil-der an den Wänden vorhanden waren. Statt der Möbel stan-den mit Fellen belegte gemauerte Bänke an den Wänden und ein gleichgearteter Tisch stand inmitten des Zimmers. Öfen sind unbekannt; große eiserne und messingne mit Kohlen gefüllte Becken dienen zum Erwärmen.

Von San Vincente ritten wir auf ziemlich ebenen Wegen, die von den Indiern schon seit Jahrhunderten benutzt sein müssen, da das feste Gestein fußtief ausgetreten war, nach Huari, am großen Poopo See 13 279 Fuß hoch gelegen. Das ebene Land, von vielen Bergzügen und Ausläufern der Küsten-Kordillieren durchzogen, hatte außer einer myrten-artigen Pflanze, Tola, deren wunderbar gedrehte Stämme prächtiges Feuerholz lieferten, einigen Kakteen und großen

Das Bergwerk Pulacayo, Provinz Porco, Bolivien:
betende Arbeiter vor der Einfahrt

Moospflanzen keinen Baumwuchs. Stellenweise traf ich auf
grüne Mooswiesen mit niedlichen Blumen.

Die Kälte war im Hochplateau des Nachts besonders bei
Sonnenaufgang oft unerträglich. An dem Flusse Marguez
zeigte mein Thermometer 12° R unter dem Gefrierpunkte.
Kribbeln in den Händen, Füßen, Ohren und der Nase hatten wir fast jeden Morgen; stundenlang liefen wir dann im
Trabe nebenher, um etwas warm zu werden. In mehreren der
Häuser der passierten Indierstädte bemerkte ich bei aller
sonstigen Miseria viel Geschirr und Schüsseln, sogar Nacht-
töpfe massiv von Silber gearbeitet.

Jahrmarkt am Poopo See

Im Städtchen Huari, am Ufer des Poopo Sees gelegen, bezogen wir am 26. April ein kleines Haus, welches Torini hatte
mieten lassen, um hier während des berühmten Jahrmarktes
seine Tiere zu verkaufen. In den Hauptstraßen und Marktplätzen der aus einigen Hundert Lehmgebäuden und einer
Lehmkirche bestehenden Stadt waren viele Hundert Zelte
und Buden aufgeschlagen, wo Leute aus allen Provinzen Boliviens, aus Chile und Peru ihre Waren und Produkte verkauf-

ten. Zwischen Tänzerinnen, Taschenspielern, Akrobaten und Sängern bewegten sich peruanische Pflanzer, mondän gekleidete chilenische Kaufleute, Minenbesitzer, Indier und Argentinier, sogar ein deutscher Goldjude. Durch Kisten und aufgehängte Lappen waren überall Schenken unter freiem Himmel hergestellt, wo trotz des oft entsetzlichen Staubes die vielen Leute sich die Gerichte einer hiesigen Köchin schmecken ließen, und wo auch wir unseren Hunger stillen mussten. Die nur in Fetzen und Lumpen gekleideten, von Läusen starrenden Köche, welche sich noch nie im Leben Gesicht und Hände gewaschen hatten, bereiteten dementsprechende Gerichte. Speisen ohne Haare, Zigarrenstummel und Schmutz waren ganz undenkbar. Getrunken wurden Wein, Spirituosen, auch Bier und das hier gebraute Chicha*.

Am 2. Mai, nachdem Torini ca. 500 Mulas verkauft und den in Bolivianos bezahlten Ertrag auf mehreren Tieren in ledernen Beuteln verpackt und unter Aufsicht von zwei unbewaffneten Knechten nach Salto transportiert hatte, wurde alles zum Abmarsch vorbereitet, da die unverkauft gebliebenen Tiere nach La Paz gebracht werden sollten. Tiere, welche in Manteras 15 bis 20 Bolivianos gekostet hatten, wurden hier mit 40 bis 60 Bolivianos bezahlt.

Wie die Argentinier mit Kopfläusen gesegnet sind und sich verlassen vorkommen, wenn die Tierchen fehlen, so hatte hier alle Welt Kleiderläuse, fängt und frisst sie auf, ebenso ungeniert. Zu unserem nicht geringen Schrecken hatten Maxwell und ich uns hier auch diese anhänglichen Tiere zugelegt und da wir uns nicht reinigen, noch Quecksilber erlangen konnten, waren wir ohne Mittel, uns von ihnen zu befreien.

Im Hochland von Bolivien

Am 3. Mai verließen wir das kalte Seeufer, ritten auf ebenem Hochlande, wo die Wege sich fast horizontal neben und zwi-

schen den auftretenden Bergen hinziehen, nach Oruro,
13 705 Fuß hoch, der zeitweiligen Residenzstadt Boliviens.
Früher von 8000 Menschen bewohnt, zählt sie jetzt ca. 1000
Einwohner, welche Bergbau und etwas Handel betreiben.
Die Stadt hat enge krumme Straßen, altertümliche Häuser
mit vielen Erkern, Balkons, geschnitzten Balken und vieler
Schmiedearbeit. Die Fenster sind vielfach mit Scheiben und
dahinter stehenden Blumen in Töpfen versehen. Vegetation
fehlt im Freien in weitem Umkreise gänzlich, selbst Tola
scheint hier nicht vorzukommen.

Von Oruro ging es über Sica Sica, 13 609 Fuß hoch, eine
ebenso jetzt in Ruinen liegende Minenstadt, Hayn Hayn
nach Calamarca, 14653 Fuß hoch, wo wir abends, den 13.
Mai, eintrafen und ich durch Zufall noch spät die Bekanntschaft des hiesigen Curas* Riego machte. Am anderen Morgen hatte ich die Gelegenheit, demselben einige Gefälligkei-
ten durch Aufstellung einer Sonnenuhr und Reparatur dieser Apparate zu erweisen, wodurch ich seine Freundschaft
erwarb, welche mir später von großem Nutzen wurde. Nach
dem Essen zeigte er mir den silbernen Altarschmuck im Werte von über 20 000 Bolivianos, gab mir Empfehlungsbriefe
für den Bischof und ließ mich durch einen Indier auf Küsten-
wegen nach Las Ventillas bringen, wo ich die schon am Morgen fortgerittene Tropa wieder einholte.

Ankunft in La Paz

Am 15. Mai, nachdem wir eine sehr belebte Gegend durchritten hatten, befanden wir uns gegen 10 Uhr morgens plötzlich an einer fast senkrecht abfallenden Felsenwand und
erblickten in einem tief liegenden Tale die Stadt La Paz vor
uns; die roten Dächer, die weißen Gebäude, der glitzernde
schimmernde Fluss, die die Stadt umgebenden grünen Gärten und Felder, die mächtigen, freiliegenden schneebedeck-

ten Bergriesen Illimani, Sorato und Hayn Potosi im Hintergrunde und die wunderbar zerrissenen, zerklüfteten, in allen Farben glänzenden näheren Berge gewährten einen ganz überwältigenden Anblick. Nach langem Anschauen folgten wir auf einem im Zickzack eingeschnittenen Wege der schon unten angelangten Tropa und nahmen in einem mir von Riego empfohlenen Tambo mit unseren Tieren Quartier, während Torini in der Vorstadt Logis nahm.

Nach einer gründlichen Reinigung unseres Körpers und unserer Habseligkeiten waren Maxwell und ich zu dem Entschluss gekommen, vorläufig hier einige Zeit zu verweilen. Durch den Verkehr bei einem Apotheker Falkenhein, für dessen bildschöne Frau, einer Indierin aus dem Geschlechte der alten lnkafürsten, ich von Riego Empfehlungen hatte, machte ich die Bekanntschaft mehrerer Hiesigen und Deutschen, welche mir verschiedene Anerbietungen, hier etwas zu beginnen, machten. Von denselben erschien mir die Offerte eines Hamburgers namens Jonassohn die Vorteilhafteste. Derselbe hatte von dem Direktor der Münze* in Potosi den Auftrag, einen deutschen oder englischen Maschinisten von Lima oder Valparaiso für dort kommen zu lassen. Er hatte sofort meinetwegen geschrieben und hoffte, binnen einigen Wochen Antwort zu erhalten. Um die Zeit auszufüllen, machte ich fotografische Aufnahmen der Stadt.

Bergtouren: mit Frau Falkenhein am Fuße des Illimani

Eines Tages machte mir Frau Falkenhein den überraschenden Vorschlag, mit ihr nach der mehrere Tagereisen entfernten Estancia eines Verwandten zu reiten, um auch dort, am Fuße des Illimani, Ansichten aufzunehmen. Ihr Gemahl, ein alter, reicher, freundlicher Mann, welcher sich mehr für seine großen Sammlungen indischer Altertümer als für seine Frau zu interessieren schien, wünschte, dass ich dann gleich-

zeitig eine Tour nach Yungas* machte, um eine ihm gehörende Goldmine zu besichtigen und zu untersuchen, ob sie
mit Maschinen leer zu pumpen sei.

Nachdem ich Maxwells Begleitung erwirkt hatte, da wir
einmal Reisekollegen waren, ritten wir am 24. Mai bei
prachtvollem Wetter, Dona Falkenhein, Maxwell und ich
nach der drei Leguas entfernten Estancia Irpavi, wo ein Vetter des Bischofs wohnte, welcher uns folgenden Tages mit
seinen beiden zwölf und 16-jährigen Töchtern über Mekapaka in zwei Tagen zum Illimani brachte.

Der Weg führte beständig an den Abhängen oder im
Flussbette des La-Paz-Stromes hin, welcher ein so starkes
Gefälle besitzt, dass wir uns schon nach wenigen Stunden in
warmer Temperatur und inmitten des üppigsten Pflanzenwuchses befanden.

War der Weg auch durch die seltsamsten Felsengebilde,
Kaskaden und Stromschnellen sehr interessant und malerisch, boten sich jedoch auch wieder so schlaggefährliche
Stellen, dass ich oftmals meine Verwunderung hatte, mit
welcher Sicherheit unsere Damen diese Strecken durchritten. Einige Leguas vor unserem Ziele erblickten wir den
blendend weißen Illimani in seiner ganzen Majestät vor
uns. Die Gegend wurde bewaldet, Maisfelder lagen an den
Wegen, und nach Überschreitung eines schäumenden
Baches auf einer ledernen Hängebrücke betraten wir die
Besitzung Clavigo. Die umliegenden Felder und der sich an
den Bergen hinziehende Garten boten das Schönste, was ich
bisher im Leben an Naturschönheit gesehen hatte. Uralte
Alleen von Oliven, riesige Pakaybäume mit den scharlachroten Blüten und fußlangen Schoten, Kaffeepflanzungen
des berühmten Yungas, Kaffee mit weißen Blüten und grün
und roten Beeren, Zuckerrohr, Bananen, Chirimoyas*,
Orangen, Granaten, Feigen, Nussbäume, Weinreben,
Maulbeeren, Äpfel, Birnen, Erdbeeren wuchsen hier in kur

zer Entfernung voneinander am Berge klimatisch getrennt; dazwischen Wasserfälle des Baches, wundervoll blühende Pflanzen und Bäume von Hunderten rot und grüngoldenen Kolibris umschwirrt.

Zweiter Maschinist in der Münze von Potosi

Am zweiten Tage trafen wir wieder im Tale ein, wo ich einen Brief von Jonassohn vorfand, in dem er mir mitteilte, dass ich die Stelle erhalten habe, die ich sofort antreten müsse. Am 7. Juni erreichten wir La Paz, wo ich Näheres von Jonassohn über meine Stellung in Potosi erfuhr. Ich war als zweiter Maschinist mit 250 Bolivianos monatlich in der Münze angestellt und sollte dort, wie Jonassohn und alle Bekannten versicherten, Gelegenheit haben, Reichtum zu erwerben. Unglücklicherweise war vom Präsidenten bestimmt worden, dass Anfang Juli in Oruro der Kongress abgehalten werden solle, wofür dann die Armee, Verwaltung und gesamte Regierung verlegt wird, zu welchem Zwecke schon jetzt unzählige Personen dorthin übersiedelten, die alle nur brauchbaren Pferde, Mulas und Esel annektierten. Weigerung war unnütz und der Besitzer konnte nur froh sein, nach etlichen Monaten seine Tiere krank und mager wiederzuerlangen. Als ich eines Tages vom Hause des deutschen Konsuls die Plaza mit den Soldaten und dem Präsidenten Melgarejo fotografiert hatte, wurde ich von Jonassohn demselben vorgestellt und er schien sehr freundlich gegen die Fremden gesinnt zu sein.

Die bolivianische Armee mit Frauen und Kindern

Am 3. Juli wurde mir das interessante Schauspiel zuteil, das 1500 bis 2000 Mann starke Heer ausrücken zu sehen. Es waren Kürassiere* mit Lanzen und die rot und grün unifor-

mierte Infanterie. Alle Sturmbänder der Käppis, Helme und
Bärenfellmützen waren mit Ziegenhaar besetzt, um den fast
stets bartlosen Cholas* ein etwas kriegerischeres Aussehen zu
geben.

Auf je zehn Soldaten kam ein Offizier und ein General
und eine Musikkapelle von 30 Mann. Die weißen Soldaten
waren von sehr kleiner Statur und reichten mir und Maxwell
kaum bis zur Brust. Frauen und Geliebte der Gemeinen und
Offiziere (Rabonas) mit Kindern und Hausstand auf Eseln
und Mulas verpackt, folgten dem Heere in endlosem Tross.
Von früh morgens bis mittags ging es ununterbrochen im
Gänsemarsch die steilen Altas* hinauf.

Zu Pferd nach Potosi

Am 5. Juli kaufte ich durch Falkenheins Vermittlung ein
Pferd, versorgte mich am Markte mit Decken, Wollzeug,
Mütze und Ohrenwärmer, gefütterten Steigbügeln und sonstiger Ausrüstung für die Wintertour und trat am 7. Juli meine Reise nach Potosi allein an. Maxwell wollte nachkom-
men.

La Paz, mit 30 bis 40 000 Einwohnern, jetzt die größte
Stadt Boliviens, soll im 10. Jahrhundert von einem Inka
gegründet sein und liegt ca. 13 000 Fuß hoch. Die Altstadt
wird vom gleichnamigen Flusse durchströmt, welcher tief
eingeschnitten ist und auf nur kurzer Strecke ein großes
Gefälle hat. Das schmale faltige Flussbett liegt voller Geröll
und voll haushoher Steine, welche zur Regenzeit mit don-
nerndem Getöse fortgerissen werden; die schmalen Straßen
sind gepflastert, haben mit Steiglatten belegte Trottoirs, welche der meist abschüssigen Lage wegen bei feuchtem Wetter
und Schnee gefährlich zu betreten sind. Wagen fehlen gänzlich, alle Leute werden getragen oder mit Mulas befördert.
Die Häuser in dem von den Spaniern erbauten Stadtteil, wel-

cher beim Tambo Quirquincho von der alten Inkastadt durch eine Brücke getrennt ist, sind meistens zwei Stock hoch, haben vorspringende Giebel, Veranden, Balkons und vielfach sehr hübsch geschnitzte Türen und prachtvolle Schmiedearbeit. Die neueren Häuser sowie die der geringen Leute sind aus Adobas mit Fenstern ohne Scheiben und machen einen traurigen Eindruck. Außer vielen Kirchen, Klöstern, dem Palacio Cobildo, eines aus Berenguela verfertigten Brunnens, eines halb verfallenen Museums und eines ebenfalls verkommenen und halb zerstörten öffentlichen Gartens (Alameda) mit Alleen und Promenaden besitzt La Paz nur die romantische Lage.

Am 7. Juli gelangte ich nach scharfem Ritt nach Calamarca, wo ich bei Riego abstieg und übernachtete.

Die Silberminen von Oruru

Gut verproviantiert und mit Briefen für mehrere Corregidores* von ihm versehen, kam ich am 11. Juli auf Oruro an, wo ich meinem Tiere einen Rasttag gab und Gelegenheit hatte, eine Silbermine zu besehen. Im Hause des Verwalters, wo das zu Tage geschaffte Erz von Frauen und Kindern zerschlagen und sortiert wurde, zog ich einen alten Anzug an und stieg auf Wegen, welche so eng und niedrig waren, dass ich oft auf Händen und Füßen kriechen musste, viele Hundert Fuß hinab, bis ich zu einer Stelle gelangte, wo silberhaltiges Erz gefunden wurde. Die Luft war so drückend und erstickend, dass ich froh war, wieder oben zu sein. Mehrere Tage konnte ich wegen dieser Kletterpartie nicht die Beine ohne Schmerzen bewegen. In einer größeren Anstalt wurde das vom Gestein befreite Erz mit Stampfwerken und Mühlen zu feinstem Pulver verarbeitet, in weiten flachen Öfen geglüht und in eisernen Kesseln mit Quecksilber vermengt. Nach geschehener Amalgamierung wurden die erdigen Teile ausgewaschen und das mit Silber verbundene Quecksilber in Retorten verdampft.

Einsamer Ritt durch Indierdörfer im Gebirge

Am 13. Juli reiste ich nach Catariri; von hier um 15 Uhr nach dem Tambo Vilcapucio (13 690 Fuß hoch), wo ich überall die ganze Bewohnerschaft betrunken antraf. Da ich weder Gerste noch Wasser von den betrunkenen Frauen kaufen konnte, sattelte ich gegen Mitternacht und ritt bei schönem Mondschein, aber bitterlicher Kälte weiter. Leider verlor ich bald den richtigen Weg und kam ins Gebirge, wo ich nach stundenlangem Umherirren ein Dorf antraf, mich jedoch nicht mit den nur Cimera oder Quichua* sprechenden Leuten verständlich machen konnte. Gegen Morgen traf ich schließlich eine Person, welche verstand, wohin ich wollte, und die mich auf einsamen Gebirgspfaden für wenige Reale* zur Passstraße brachte. Durch Talapalca (15 070 Fuß hoch), Lagunilla (17 051 Fuß hoch), Lenas (14 546 Fuß hoch), Jocalla und Tarapaya erreichte ich am 18. Juli nachts Potosi. Der Weg von Lagunilla bis Potosi ist stellenweise so entsetzlich, dass es kaum denkbar ist, in ihr die seit Jahrhunderten benutzte einzige Verkehrsstraße zu erkennen. Die Kälte war in Lagunilla so stark, dass ein großer See fast zugefroren war und ich mehrfach über gefrorene Bäche reiten konnte.

Die Arbeit in der Münze von Potosi

Anderen Tages besuchte ich den Direktor Torelli, den ersten Maschinisten Waldmann aus den States* und die wenigen hier ansässigen Fremden, unter denen ich einen früheren Schulkollegen, Herr Böhling, antraf. Waldmann besorgte mir ein Zimmer im Café Teleche, neben seiner Wohnung gelegen, und es vergingen die ersten Monate bei angenehmer Arbeit ohne jegliches Ereignis.

Sonntags und an den vielen Tagen, wo die Münze wegen nicht genügender Silberankäufe geschlossen war, machten Waldmann und ich reichlich Touren zu den umliegenden Ortschaften und Bergen. Bei einem dieser Ritte holte ich mir beim Baden in dem frischen Wasser eine Erkältung, an der ich viele Monate kränkelte und nur durch große Mengen Chinin vom Fieber befreit wurde.

Der ganz von Wasserdampf eingehüllte Gipfel des Vulkans enthielt einen wegen des Dampfes nicht überschaubaren Krater voll kochenden Wassers, welches sich an einer Seite in Kaskaden hinabstürzt und das, ehe es lauwarm im Tale ankommt, jede gewünschte Temperatur zum Baden darbietet.

Revolution in Bolivien

Am 22. Oktober hörten wir beim Kaffeetrinken Schüsse und vernahmen gleich darauf von unseren Mädchen, dass die Revolution ausgebrochen sei. Melgarejo hatte vor einigen Tagen ein Kommando Soldaten mit Offizieren hergeschickt, um den in Verdacht der Unzuverlässigkeit stehenden hiesigen Kommandanten Rendon abzusetzen. Dieser hatte heute früh mit den ihn umgebenden Soldaten die Reserve umzingelt und die führerlosen Melgarejisten mit Verlust von acht Mann überwältigt. Die Offiziere waren abends zu einer Tertulia* eingeladen, betrunken gemacht und dort gefangen genommen worden.

Die Münze wurde geschlossen und wir hatten mehrere aufregende Monate durchzumachen. Anfang November wurde Melgarejo durch eine Bande in Potosi für abgesetzt erklärt und die Stadt zur Verteidigung eingerichtet. Alle Straßen um die Plaza wurden durch Barrikaden und durch

davorliegende tiefe Wassergräben gesperrt. Von den ebenfalls aufständischen friedlichen Distrikten kamen täglich
Scharen Bewaffneter, um die Stadt gegen den von La Paz her-
anrückenden Melgarejo verteidigen zu helfen.

Nachdem der Silbervorrat in der Münze ausgearbeitet
war und wir alle Räume geschlossen hatten, da jetzt keine
Silberzufuhr von den Bergwerken zu erwarten stand, wurden wir von Rendon aufgefordert, mit unseren sämtlichen
Arbeitern Waffen zu reparieren, Lanzen zu schmieden und
Kanonen zu gießen. Trotzdem wir uns entschieden weiger-
ten, uns in irgendeiner Weise bei der Revolution zu beteili-
gen, wurden wir unter Androhung des Erschießens gezwungen, diese Arbeiten vorzunehmen.

Am 21. beschoss Melgarejo die Stadt mit Kanonen,
wobei schon die dritte Kugel unseren nach der Straße gerich-
teten Balkon zertrümmerte, sodass wir vorsichtshalber die
untere Wohnung bezogen.

Belagerung und Kämpfe

Waldmann war um 19 Uhr im Café, wo er gegen Rendon
sprach, gefangen genommen und im Palacio in Eisen gelegt
worden.

Den 28. November kamen die letzten Truppen Melgarejos an und begann nun die Bestürmung der Stadt. Mittags
bemerkten wir, dass die nahe liegende Mercedeskirche,
deren Dach von den Rebellen besetzt war, plötzlich geräumt
wurde und hörten, dass sich das ununterbrochene Schießen
unserem Hause näherte. Um 3 Uhr, als wir gerade beim
Essen saßen, wurde gegen unsere Haustür geschlagen; es
stürzte, als wir geöffnet hatten, ein Haufen halbbetrunkener
Soldaten mit angelegten Gewehren auf uns ein, behauptend,
wir hätten geschossen. Als wir dem kommandierenden Offizier erzählten, dass wir noch die einzigsten Anhänger Melgarejos in der Stadt seien und einer unserer Landsleute von

Rendon gefangen genommen worden ist, wurden die Leute höflicher, baten um Wasser und begannen von meiner Nähe aus gegen die nächsten Fenster zu feuern.

Gegen 5 Uhr ertönte ein heftiges Massenfeuer, Hurraschreien und dann sich entfernendes vereinzeltes Schießen, worauf unheimliche Ruhe eintrat, nachdem Kanonen und Tausende von Gewehren, meistens Spencers, Winchesters und Remingtons, stundenlang in den Straßen gedonnert hatten.

Plünderung, Tote und Verletzte

Die erlebte Nacht war schrecklich und schien kein Ende nehmen zu wollen, wir saßen und lagen auf den Betten, froren und klapperten aus Angst und Aufregung mit den Zähnen, dabei herrschte totale Dunkelheit, da wir kein Licht anzuzünden wagten, um nicht die Plünderer durch den Schein aufmerksam zu machen und herbeizulocken. Überall, sogar in unserer nächsten Nähe, hörten wir, wie die Soldaten die Häuser erbrachen, Türen durch Wegschießen der Schlösser öffneten, das Jammern und Schreien der Bewohner, das Jubeln und Heulen der betrunkenen Soldaten mit ihren Geliebten, und von Augenblick zu Augenblick erwarteten wir das Erscheinen der Plünderer in unseren Räumen.

Endlich gegen 8 Uhr morgens wurde es ruhig, Patrouillen durchritten die Straßen und Waldmann erschien bald darauf mit mehreren Offizieren, um zu sehen, was aus uns geworden sei. Er selbst hatte schlimme Tage erlebt, war vielfach in Todesgefahr gewesen und erst von den Siegern seiner Fesseln entledigt worden. Die Häuser vor den Barrikaden hatten durch die Kanonen sehr gelitten; Balkons, Türen und Fenster waren zerfetzt und zersplittert, die Mauern durchlöchert. Von den Kirchen und Klöstern war die Mercedeskirche am meisten mitgenommen; etwa 40 Tote, darunter mehrere Pfaffen und Frauen, lagen noch in derselben.

Trotzdem schon ununterbrochen Leichen fortgeschafft waren, lagen dieselben, namentlich in der Poststraße, dicht nebeneinander, Pflaster und Wände daselbst waren mit Blut und Gehirnmasse bespritzt. Im Ganzen waren von den 2 bis 3000 Kämpfenden 517 getötet; 167 Schwerverwundete waren ins Hospital geschafft worden, welche fast gänzlich später gestorben sind. Nach einigen Tagen wurden die Gräben und Barrikaden beseitigt, um den Verkehr wiederherzustellen, etwas Silber kam von den Minen, und die Münze wurde wieder eröffnet, um Geld zur Löhnung für die Soldaten zu prägen.

Ende des Jahres zog Melgarejo mit seiner Mannschaft und den mit Raub beladenen Weibern wieder nach La Paz, wo General Morales sich zum Präsidenten aufgeworfen hatte. Nach einem heftigen Kampfe daselbst, wobei Falkenheins Apotheke und Haus mit seinen Sammlungen abbrannten, wurde Melgarejo geschlagen.

Klöpfer macht sich durch einen kritischen Zeitungsartikel unbeliebt

Für mich und Waldmann hatte der Sturz Melgarejos insofern unangenehme Folgen, als jetzt alle Gegner die neue Münze schlecht machten und uns als die einzigen Beamten, welche ihre Stellung nicht verloren hatten, da eben kein Hiesiger mit der Maschinerie Bescheid wusste, in den Zeitungen angriffen und uns vorwarfen, dass die Münze zu viel koste. In Wirklichkeit wünschte der größte Teil der Bewohner Potosis, dass wieder zur Handprägung übergegangen wird, wobei dann nach hiesiger Weise alle Beamten nach Belieben stehlen konnten.

Seit Einführung der neuen Münze aus Nordamerika wurde mit modernen Pressen und Walzenmarken, mittels Dampf getrieben, Geld geprägt, ähnlich den Vereinigten

Staaten Dollars und von gleichem Werte und gleicher Legierung; damit war das früher glänzende Geschäft mit den Falschmünzen vorbei. Alle derzeit außer Brot gesetzten Beamten und Falschmünzer schrieben nun täglich die gehässigsten Artikel gegen die Münze und gegen die Fremden, trotzdem der Handelsstand und die Minenbesitzer das Vorteilhafte des guten Geldes einsahen.

Auf Aufforderung von Jonassohn schrieb ich nun für eine liberale Zeitung in La Paz den wirklichen Sachverhalt, offenbarte, wie die neue Münze durch die Betrügereien der Beamten und des hiesigen Präfekten, welcher Hauptgegner der neuen Münze und der Fremden war, doppelt so viel koste, als wir in Wirklichkeit ausgaben.

Als dieser rücksichtslos gegen die hiesigen Machthaber geschriebene Artikel in La Paz publiziert und am 7. Juli hier in Potosi bekannt wurde, war die Wut unbeschreiblich; mehrere Fremde gaben mir den Rat, falls ich nicht mein Leben verlieren wollte, einige Zeit nach La Paz zu gehen, bis die Aufregung sich gelegt hätte. Da Waldmann und ich die Absicht hatten, doch in nächster Zeit die unangenehm gewordene Stellung aufzugeben, hielt ich es für das Vernünftigste, den mir erteilten Rat zu befolgen. Ich deponierte mein Geld bei unserem französischem Bankier, übergab Waldmann meine Sachen und mein Gepäck zur Aufbewahrung, sattelte mein Mula und ritt am 10. Juli aus Potosi.

Die Stadt Potosi 1870

Die Stadt Potosi (14 413 Fuß hoch) wurde im Jahr 1545 bei Entdeckung des silberreichen nahen Berges gegründet und hatte zur Blütezeit über 200 000 Einwohner. Es wird erzählt, dass Reisende, welche ihre Tiere hier verloren hatten, nachts Feuer entzündeten und morgens geschmolzenes Silber unter der Asche fanden.

Straße Santa Monica mit Klöpfers Wohnung
in Potosi, Bolivien 1870

Dieser so nahe der Oberfläche befindliche Silberreichtum lockte sofort die Spanier herbei, welche hier Minen anlegten.

In den späteren Jahren, nachdem der Silberreichtum an der Oberfläche erschöpft war und nach Aufhebung der Sklaverei, wobei Hunderttausende von Indiern umgekommen waren, warf der Tiefbau kein Gewinn mehr ab; es gingen daher die meisten Minen ein.

Die Stadt, aus Alt- und Neustadt und dem alten Catamarca bestehend, ist mit Ausnahme eines kleinen Teiles der Neustadt ein Trümmerhaufen. Die jetzt noch bewohnte Stadt hat krumme enge, meistens abschüssige Straßen, mit altertümlichen, oft prächtig erbauten Gebäuden, bei deren Herstellung seinerzeit unendlich viel Geld für Schmiede-, Bild- und Steinhauerarbeit verausgabt worden war. Die meisten Mauern sind aus Feldsteinen, die mit Kalk so fest verbunden sind, dass es fast unmöglich ist, sie niederzureißen. Häuser der geringen Leute sind aus Adobas mit vier bis sechs Fuß dicken Mauern aufgeführt.

Jetzt noch bemerkenswerte Gebäude sind der Palast, ein Theater, das Collegium, der sogenannte Prado* mit Pavillons, Musikhallen, von welchen jedoch nur noch die Wände stehen.

Seit Vertreibung der Spanier herrscht in ganz Bolivien die Sitte, alle Schöpfungen, die zur Annehmlichkeit und dem Wohle des Volkes bestimmt waren und von einem der besseren Präsidenten hergestellt wurden, sofort nach seinem Sturze zu vernichten, damit ja kein Andenken an die Tyrannen bleibe. Beim Regierungsantritt sind alle Präsidenten Befreier, beim Wegjagen Tyrannen. Die Folge ist, dass ganz Bolivien ein verwüstetes und verkommenes Aussehen hat.

Das größte und schönste Gebäude ist die Münze. Zur Blütezeit Potosis errichtet, umfasste das mächtige Gebäude einst alle Verwaltungslokale und die Münzstätten. Jetzt enthält der eine Flügel die neue Münze und einige Comptoire*. Der übrige Teil des Gebäudes steht verlassen da und dient als Latrina.

Industrie und Gewerke fehlen jetzt fast gänzlich, nur die allergewöhnlichsten Handwerke wurden von Cholos* betrieben. Advokaten, Doktoren und Ladeninhaber bilden den Hauptteil der Stadtbevölkerung. Alle vom Auslande importierten Waren sind durch die Fracht von der Küste zur Hauptstadt enorm verteuert. Zwischen den Hauptplätzen des Landes besteht eine regelmäßige Postverbindung. Für Reisen mit Gepäck mietet man einen Arriero* oder kauft Tiere.

Das Leben der Indier in Potosi

Die Stadtbevölkerung, meistens Mischlinge von Indiern und Spaniern, ist durchgehend unwissend, schmutzig, liederlich und fromm. Als Kleidung trägt die geringe Klasse weiße Hemden, grobe wollene Hosen, bunte Westen, Jacken, gelbe Stiefel und den nie fehlenden Poncho. Die Frauen und Mädchen haben ebenfalls weiße, an den Ärmeln gestickte Hemden, gelbe, blaue oder rote weit abstehende Röcke mit auffallend langer Taille, niedrige Mieder und stets ein rotes Tuch von Flanell als Umschlagetuch. Die Füße sind bloß und nur bei festlichen Gelegenheiten werden rosa und weiße Strümpfe und kleine Sandalen mit hohen Hacken und weißen Verzierungen getragen. Die besseren Leute sind modern gekleidet. Wo ein sonniger Platz in den Straßen ist, sieht man auch sicher einige beisammenhocken und sich lausen. In der Calle Cocana, wo ein beständiger Markt abgehalten wird und alle Artikel auf der Erde ausgebreitet feilgeboten werden, war es stets unsere Freude, die Reinlichkeit der Frauen zu beobachten. Alle tragen ihre Kinder in einem Tuche auf dem Rücken. Hat sich ein solches nun beschmutzt, wird ein-

fach einer der vielen herrenlos umherlaufenden Hunde gerufen, das Kind hingehalten und, wenn gehörig vom Hunde
rein geleckt, wieder eingesteckt.

Noch unappetitlicher als der argentinische Mate ist
jedenfalls das hiesige, von Arm und Reich genossene Nationalgetränk Chicha. Da zufolge der hohen Lage des Landes,
der niedrigen Temperatur und der feinen Lüfte schwer Flüs-
sigkeiten in Gärung zu bringen sind, ist es erklärlich, wie die
Leute zu dem entsetzlichen Verfahren gekommen sind. Fein
geschrotete Gerste oder Mais wird im Munde mit Speichel
zu einem Kloß geformt, in einen Topf gespien und, wenn das
nötige Quantum beisammen ist, mit Wasser vermengt und
gekocht; abgekühlt wird es in große Steinkrüge gefüllt, wo
es in kurzer Zeit in Gärung gerät und ein angenehm säuer-
lich schmeckendes, stark berauschendes Getränk liefert. Ist
dieses Gebräu von den oft ansehnlichen Mädchen gekaut,
welche richtige Chicha-Kauklubs dazu halten, erscheint die
Fabrikation nicht so abschreckend. Wahrhaft haarsträubend dagegen ist die Bereitung in den öffentlichen Verkaufs-
stellen, wo alte arbeitsunfähige, mit der Lepra und sonstigen
Krankheiten behaftete Leute, das Kauen besorgen müssen.

Die Brunnen in der Stadt enthalten ungesundes, salzhaltiges Wasser und das Trinkwasser wird mittelst steinerner
Kanäle mehrere Leguas hergeleitet. Pflanzenwuchs ist wenig
vorhanden, auf einzelnen Hofplätzen gedeihen kümmerlich
kleine Apfel- und Kirschbäume sowie Rasen. Gerste wird
nicht mehr reif und nur als Grünfutter verwendet. Alle
Lebensmittel und das Viehfutter kommen aus den tiefer liegenden Tälern, wo prächtiges Obst gedeiht. Auf den Bergen
wächst auch hier nur Tola* und Tareta*, ein mit Harzperlen
getränktes salziges Moos, kleine knollenartige mit fingerlan-
gen Stacheln bedeckte Kakteen, welche wie die schönsten
Polster aussehen und hübsche gelbe Blumen tragen. Im
Frühjahre sprossen überall kleine tulpenartige Blumen ohne

Blätter aus dem Boden. An Tieren gibt es Vicunnas*, Stein-
hasen, Cornejas*, Chinchillas, Eidechsen und kleine Schlangen.

Indier auf dem Lande

Die Bewohner des Landes, welche in kleinen Städten und in
einzelnen Gehöften leben und ungern mit den Weißen
zusammenwohnen, sprechen teils Quichua, beschäftigen
sich mit Lama-, Schaf-, Schwein- und Hühnerzucht, treiben
Ackerbau und befördern Erz, Salz und Getreide mittelst
Lamas und Eseln; sie pflügen ihre Felder mithilfe von Ochsen, bauen Hirse, große Bohnen, Kohl, Kartoffeln, Zwiebeln
und Gerste an. Lamaherden scheinen ihr unentbehrlichstes
und nützlichstes Besitztum zu sein, da die Tiere ihnen Milch,
Wolle, Fleisch liefern und Lasten von 75 Pfund befördern;
sie weiden an den steilsten Abhängen die spärlichsten Grä-
ser und Kräuter ab und werden abends in Gehegen, von
Steinwällen umgeben, eingesperrt zum Zwecke der Gewin-
nung des wertvollen Dunges, welcher in den Städten als Feu-
ermaterial verkauft wird. Spitzähnliche Hunde bewachen
und hüten die Herden äußerst wachsam und zuverlässig.

Die Kleidung der Indier ist in jedem Distrikte verschie-
den. Hier in Potosi und Cinti tragen sie Kniehosen, Hemden
aus selbst gewebtem blauen Wollstoff verfertigt, einen um
den Leib gebundenen Poncho, Wollmützen mit Ohrenwär-
mern, buntfarbige mit Silber- und Goldmünzen besetzte bal-
lonartige Hüte und unter den bloßen Füßen Sandalen. Als
unzertrennliche Begleiter gelten für die Männer eine bunte
Tasche für Coca*, ein aus Wolle gedrehter Lasso, eine
Schleuder und eine Flöte, für die Frauen eine Spule zum
Spinnen oder ein Strickstrumpf. Die Kaziken* und Dorfvor-
steher tragen einen Rock mit silbernem Knopf, als Zeichen
ihrer Würde.

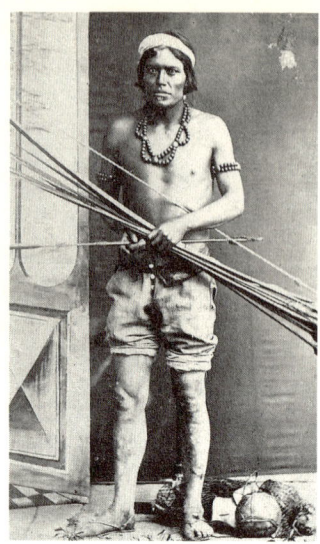

Eingeborene aus der Provinz Lacera, Bolivien 1870

Für die Indier gibt es weder eine Schule noch Erziehungs-
anstalt; sie werden von den Weißen wie das Vieh behandelt;
trotzdem müssen sie den Pfaffen und den Alkalden* Abga-
ben bezahlen und stets eine Steuermarke tragen, ohne welche sie jederzeit zu Soldaten gepresst werden können und
Arbeit verrichten müssen, ohne dafür Bezahlung noch Verpflegung zu erhalten.

Fast alle sind klein und schwächlich, jedoch ungemein
genügsam und ausdauernd. Lungenkrankheit, Typhus und
Blattern* sollen häufig ganze Distrikte entvölkern.

Das Klima ist in Potosi höchst ungemütlich; während der
Wintermonate fällt häufig hoher Schnee und fällt das Thermometer oft auf 16° R unter dem Gefrierpunkte während
der Nacht. Am Tage kommt es selten über 8° R. Im Sommer
brennt die Sonne tüchtig, das Thermometer stieg jedoch im
Schatten selten über 10° R, die feine Luft leitet die Wärme
fast gar nicht.

Beim Präsidenten Morales in Chuquisaca,
der schönsten Stadt Boliviens

Am 10. Juli 1871 verließ ich Potosi und ritt, von Waldmann
bis Techetancho begleitet, in drei Tagen nach Chuquisaca,
wo ich bei einem Bekannten abstieg. Der Weg ist mit Ausnahme kurzer Strecken gut und durch die abwechselnden
gewaltigen Höhen und tiefen Talschluchten sehr interessant.
Besonders hübsch sind die zu Pilcomaya und Catchimayo
führenden Täler, wo schon üppige Vegetation vorhanden
und alle Hütten mit Algarobas, Fruchtbäumen und Maisfel-
dern umgeben sind. Chuquisaca oder Sucre (9930 Fuß hoch
über dem Meeresspiegel) ist die schönste Stadt Boliviens.

Zur Zeit der Spanier war hier der Sitz der Verwaltung
und eines Erzbischofs, und die Stadt blieb auch nach den
Befreiungskriegen die Hauptstadt der jammervollen neuen
Republik. Sie liegt in einem kleinen flachen Tale, von hohen
Bergriesen rings umgeben, inmitten vieler Gärten und Landhäuser und zählt 20 bis 24 000 Bewohner. Wenn sie auch
keine altertümlichen und einst prächtige Gebäude wie das
einst reiche Potosi aufzuweisen hat, machen die blau und
weiß und rot und weiß angestrichenen Häuser, die vielen
Kirchen, Klöster, Verwaltungsgebäude, Marktplätze und
mit Orangen bepflanzten Anlagen doch einen weit freundlicheren Eindruck als das kalte und steinige Potosi.

Während meines 14-tägigen Aufenthaltes hier wurde mir
die Ehre zuteil, vom jetzigen Präsidenten Morales eingeladen
zu werden, um ihm die Zustände und Ereignisse in der Münze ausführlich zu erzählen. Er versprach Abhilfe der Übelstän-
de und wollte sofort einen anderen Präfekten absenden, was,
wie ich später von Waldmann erfuhr, auch wirklich geschehen
ist.

Halsbrecherischer Ritt über die Kordilleren

Trotzdem mir von Bekannten abgeraten wurde, die Reise nach Santa Cruz allein zu unternehmen, verabschiedete ich mich am 24. Juli von den Bekannten und ritt, mit allem Nötigen ausgerüstet, frühmorgens aus Chuquisaca fort. Mein dickes Winterzeug ließ ich bis zu meiner Rückkehr hier. Auf einem der hiesigen Sättel, mit allen zugehörigen wollenen und ledernen Unterlagen, woraus ein Lagerbett herzustellen ist, hatte ich einen Reserveanzug, wollenes Unterzeug, etwas Wäsche, zwei große Decken, Flinte, Revolver, Munition, Zither, Kochgeschirr und Proviant, zusammen über 75 Pfund wiegend, gut verpackt bei mir, welches mein Maultier mit Leichtigkeit nebst meiner Person beförderte.

Weiterreise mit einem Kaufmann und seinen drei Knechten
Abends erreichte ich ein sehr von Blattern heimgesuchtes Städtchen, wo ich übernachtete. Mit mir übernachtete hier ein Kaufmann, welcher drei Knechte und sechs Cargamulas* mit sich führte und nach Sance wollte. Da es ein sehr ordentlicher Mann zu sein schien, und ich denselben Weg machen wollte, schloss ich mich seiner Gesellschaft an. Am 25. Juli brachen wir frühzeitig auf.

Der Weg führte über gewaltige Höhenzüge, wo die Wolken dicht über den Boden hinjagten und uns total durchnässten. Wir trafen viele Lamaherden, die mit Mais und Mehl beladen waren. Abends wurde vor einer Indierhütte, wo die sämtlichen Insassen Chicha kauten, Nachtquartier genommen. Am anderen Morgen brachte uns ein Indier für einige Reales durch das vor uns liegende wilde Gebirge auf Pfaden so halsbrechend und gefährlich, wie ich sie bisher noch nicht gesehen hatte; mehrfach musste ich der Kälte halber mich in Decken hüllen, um bald darauf in den tiefen Tälern der Hitze wegen Rock und Weste abzulegen.

Ruinenstadt Tocapaya, nackte Indier und hübsche Mädchen
Am 27. Juli erreichten wir bei prachtvollem Wetter eine
wunderhübsche Gegend, mit Wiesen, blühenden Hecken
und schönen Waldungen; mittags eine in Ruinen liegende
Stadt, Tocapaya; nachmittags nach Überschreitung einer
Questa dicht bewaldetes Hügelland, wo wir mehreren
Trupps gänzlich nackter Indier – mit großen Bögen und langen Pfeilen, Körben mit Affen, Loros*, Aras und Flechtar-
beit bepackt – begegneten. Fast alle hatten die Unterlippe
durchbohrt und mittels Knöpfen oder geschnitzten Holz-
stücken weit abgebogen.

Über Tomino ging es durch öde Gegenden, abends trafen
wir in Padilla ein, wo wir bis zum 30. Juli Mittags blieben.
Bei einem Verwandten meines Begleiters musste ich einem
Familienfeste beiwohnen, wo es den ganzen Tag und die
ganze Nacht bei Tanz und Trinken lustig herging und ich
mein Erstaunen über das grenzenlos ungenierte Benehmen
der ziemlich gebildeten, ansehnlichen und hübsch gewach-
senen Damen und Mädchen hatte.

Fast alle waren mit Kröpfen gesegnet, welche vom
Genuss des hiesigen Gebirgswassers entstehen und bei Orts-
veränderung verschwinden sollen. Das nur kleine Städtchen
Padilla machte durch die mit Steinplatten belegten Straßen
und die weißen Gebäude und hübschen Gärten einen allerliebsten Eindruck.

Nachtlager im Gebirge
Nach Abreise von den gastfreundlichen Leuten lagerten wir
nachts hoch im Gebirge und vor dem Rancho Tres Popos.
Die wilden Felspartien rund umher, der am Abhang zwischen zwei mächtigen Algarobas erbaute Rancho, ein hell
flackerndes Feuer, um welches meine in ihre blauen und
roten Mäntel gehüllten Begleiter sowie zwei halbnackte
dunkelbraune Schönheiten vor der Hütte saßen, alles vom

Vollmond wunderbar beleuchtet, machten einen unvergess-
lich schönen Anblick. Von hier passierten wir ungeheure
Höhenzüge, dann meistens mit Gras bewachsene abgerun-
dete Berge mit schöner Fernsicht.

Senkrechter Abstieg über Leitern und Felsenstufen
Da Weide für die Tiere vorhanden war, lagerten wir hier bis
1 Uhr, worauf der Abstieg ins Tal unternommen wurde, welchen ich allein wohl nie gewagt hätte. Der Pfad führte in
kleinstem Zickzack an senkrechten Abhängen hin, wo oft
mehrere Fuß hohe Stufen unendliche Mühe verursachten,
die Tiere hinunterzubringen. Vor noch wenigen Jahren
mussten Reisende auf Leitern hinabklettern und unten, mit
von der anderen Seite bezogenen Tieren, die Reise fortset-
zen. Nach stundenlangem Bergabklettern kamen Tiere und
Menschen total erschöpft unten an. In einem Gebirgskessel
trafen wir zwei Reisende lagernd. Als diese uns erzählten,
dass der nächste Lagerplatz, wo Wasser und Weide zu treffen sei, mehr als zehn Leguas entfernt läge, blieben wir
gleichfalls hier.

Romantische Reise durch Orangenhain und Felsschlucht
Zum Abendessen erlegte ich mehrere fasanenähnliche
Vögel. Bis spät in die Nacht hinein musste ich Zither spielen. Während der folgenden zwei Tage durchzogen wir mit
großen Beschwerden für unsere Tiere eine wunderbar
romantische Gegend, wo einzelne Stellen jedoch beinahe
zur Rückkehr zwangen. Kurz nach einem Walde mit bitter-
sauren Orangen kam ich, eine Strecke vorausreitend, an
einen Teich, rundumher von hohen Felswänden eingeschlossen, ohne den geringsten Ausweg zu sehen. Als meine
Begleiter ankamen, von denen der eine Knecht diesen Weg
schon einmal gemacht hatte, fand sich im Felsen eine Spal-
te, durch welche die Tiere bis zum Sattel im Wasser sich hin-

durcharbeiten mussten. Bei Regenwetter sind diese Wege
geschlossen. Reisende müssen dann oft tagelang liegen bleiben.

Tiere in den Wäldern Boliviens
In den hiesigen Wäldern sollen viele Jaguare, Faultiere und
Tapire vorhanden sein, jedoch niemals gejagt werden.

Abends am 2. August übernachteten wir auf dem Gipfel
eines hohen Berges, Bucara, da in den Talgründen hier überall gefährliche Fieberluft herrschen sollte. Am 3. August brachen wir gleich nach Mitternacht bei Mondschein auf und
ritten durch den dichtesten Wald bis gegen Morgen bergab.
Waldhühner, große Papageien, Pfaffenvögel mit den riesigen
Schnäbeln belebten die sehr hohen Bäume. Die hier beginnende Provinz Locero soll die reichste Boliviens sein und die
größten Naturschönheiten aufzuweisen haben.

Morgens 8.30 Uhr erreichten wir das Städtchen Sance,
den Hauptflecken der Provinz, wo vom 6. bis zum
29. August ein großer Jahrmarkt abgehalten wurde.

Da mein Begleiter hier ein Haus mietete, um während
dieser Zeit seine Waren zu verkaufen, verabschiedete ich
mich von ihm und nahm die Gastfreunschaft des hiesigen
Curas Dr. Garbaga in Anspruch, für welchen ich Briefe in
Sucre erhalten hatte.

Leben der Indier in Sance

Sance mit ca. 200 Bewohnern bietet zu gewöhnlichen Zeiten
wenig Sehenswertes. Zum bevorstehenden Markte waren
jedoch schon viele Fremde eingetroffen, es sollen hier oft
mehrere Tausend Menschen während der Feria* zusammen-
kommen. Auffällig sind die vielen hier im Orte lebenden
Neger und Mischlinge, welche sonst selten in Bolivien vorkommen. Die gewöhnliche Bevölkerung, mit Ausnahme die-

ser Neger und sehr wenigen Weißen, besteht aus Indiern, welche hier unbekleidet gehen.

Die Männer sind total nackt, die Frauen tragen im Hause und bei der Arbeit einen baumwollenen Unterrock, während der Oberkörper entblößt bleibt; auf der Straße gebrauchen sie ein sackähnliches Hemd ohne Gürtel, in dem vorn Taschen zum Tragen der Kinder angebracht sind. Andere Sachen werden in einem Tuche getragen, welches mit der Stirne gehalten auf dem Rücken ruht.

Hüte werden nicht gebraucht und die Haare nur durch rote Bänder festgehalten. Die Hautfarbe der Leute ist kaffeebraun und viel dunkler als die der Indier des Hochlandes. Auch hier sind Kinder und junge Mädchen viel heller als die Alten. Die Leute verdienen viel Geld durch den Anbau von spanischem Pfeffer, welcher in großen Mengen ausgeführt wird. Leider herrscht hier fast das ganze Jahr hindurch das kalte Fieber, von dem viele Leute befallen werden und welches den Zuzug von fremden Arbeitern verhindert.

Reise zu Pferd allein durch das Hochland Boliviens nach Santa Cruz

Am 5. August setzte ich meine Reise allein fort, nachdem ich eine genaue Beschreibung der Route erhalten hatte. Die Gegend war bewaldet und von zur Feria ziehenden Leuten stark belebt. Abends übernachtete ich vor einer Estancia mit einer Zuckermühle. Der Besitzer offerierte mir seine Wohnung, ich zog es jedoch vor, im Freien bei meinem Tiere zu bleiben. Wie mir der Besitzer erzählte, sind hier die Nächte zu kalt, um gutes Zuckerrohr zu pflanzen, sie erhalten hier keinen kristallisierten Zucker, sondern nur eine braune Masse, welche als Dulca* genossen wird und Jancaca heißt.

Mittags den 6. August erreichte ich ein größeres Indierdorf, wo ich abstieg, jedoch auf große Schwierigkeiten stieß, mich verständlich zu machen, da die Leute weder Quichua noch Spanisch verstanden. Vor einer größeren Hütte, wo ich vom Besitzer durch Zeichen die Erlaubnis zur Einkehr erhalten hatte, kaufte ich einige Lebensmittel und bereitete drinnen mein Essen.

Behausung der Indier
Die Wohnung bestand aus vier sauber behauenen Pfählen mit einem trichterförmigen Strohdache und vorgehängten Strohmatten statt der festen Wände. Im Inneren herrschte die größte Sauberkeit; in einer Ecke befand sich eine Feuerstelle, wo Töpfe, Gefäße und große Krüge umherstanden. Ein aus Jacarandaholz gefertigter Webstuhl war mit einer angefangenen Arbeit aus gefärbtem Baumwollengarn bespannt. Einige massiv geschnitzte Schemel, einige Bänke aus Rohr oder Bambus und einige Hängematten bildeten das Mobiliar. Zum Aufbewahren von Lebensmitteln dienten große Krüge und Urnen.

Neben jeder Hütte waren die Bäume mit großen Bündeln zusammengebundener Maiskolben behängt, vielfach sah ich auch hohe Gerüste, in denen sich die Getreidevorräte zu befinden schienen. Hühner, Ziegen und Schafe wurden von jeder Familie gehalten. Das mir so entsetzliche Getränk des Flachlandes war auch hier noch zu Hause, und ich fand überall die webenden und spinnenden Frauen beschäftigt, Maismehl zur Chichabereitung zu kauen.

Außer dem bis auf das Kreuzband gänzlich nackten Eigentümer waren im Inneren des Hauses zwei nur mit Röcken bekleidete Frauen und zwei kleine Mädchen anwesend.

Abends erreichte ich das Indierdorf Ajio, wo ich in einem der ersten Häuser einen Mann traf, welcher etwas Spanisch verstand und mir bereitwillig Erlaubnis gab, die Nacht hier zu bleiben. Als ich später im Zimmer meine Zither nahm und spielte, kamen eine Menge Mädchen herein, welche zuhörten und einige für sie besonders ansprechend scheinende Melodien mitzusingen versuchten. Die Mehrzahl war groß, schlank, mit stark entwickeltem Oberkörper und schwarzen, sauber geflochtenen, um den Kopf gewundenen Haaren.

Reitkünste der Indierinnen

Am 7. August passierte ich mittags das Städtchen Lagunilla. Von hier an traf ich häufig die großen blauen und gelben Parabas* im Walde, welche, wenn auch ihr Fleisch zäh war, eine ausgezeichnete Suppe ergaben.

Abends musste ich wieder einmal im dichten Walde mein Lager aufschlagen, da ich in der Dämmerung den Weg nicht erkennen konnte. Zu meiner Freude hörte ich etwas später mehrere Stimmen in der Nähe, welche sich bei Näherkommen als Leute aus Gutierrez auswiesen. Da ich ebenfalls dorthin musste, bat ich dieselben, etwas zu warten, bis ich mein Tier wieder gesattelt hätte, um mitreiten zu können. Zwei derselben schienen keine Lust zu haben, sich aufzuhalten, ließen jedoch ein Mädchen anhalten, um mich zu begleiten. In einer Quebrada* riss plötzlich der Gurt ihres Sattels und sie fiel zu Boden. Da in der Dunkelheit nichts zu reparieren war, blieb kein anderes Mittel, als dass ich das halbnackte Mädchen bei mir mit aufsitzen ließ, ihr Pferd am Lasso führend.

Alle Frauen sitzen hier nach Männerart zu Pferde und reiten ebenso sicher wie diese. Wie ich von ihr erfuhr, kam sie mit ihren Eltern von einem Feste, wobei die Alten berauscht geworden waren. Nachts blieb ich in ihrem Hause.

Freundlichkeit der Indier

Am 8. August trostloser sandiger Weg, 12 Uhr, ein armseliges Dorf Raraguatarrenda, 2 Uhr ein hübsch im Walde gele-

genes Dorf Tarenda durchritten. Gegen 4 Uhr verlor ich auf
dem sandigen Waldboden jedes Merkmal eines Weges und
gelangte schließlich an das Ufer eines von Palmen umgebenen tiefblauen Sees mit bitter-salzigem Wasser. Zwei Kna-
ben, welche vorbeiritten, brachten mich zum nächsten Orte
Limon, wo ich in einem Hause übernachtete, da ein am
Abend sich stets einstellender dichter Nebel leicht Fieber
erzeugen soll.

9. August, auf schlecht zu erkennendem Waldweg
erreichte ich mittags eine Hütte, wo ich mein Tier fütterte
und wo ich auf Zureden der niedlichen Frau und Tochter
ebenfalls Rast machte. Bei diesen Leuten, welche noch nie
einen Fremden gesehen hatten, erregten meine Sachen große
Verwunderung. Aus eigenem Antriebe wuschen sie mein
sämtliches Zeug und meine Decken. Die Hitze war hier am
Tage drückend (29° R), sank jedoch gegen Abend auf 9° R,
wodurch ein sehr dichter Nebel entstand und alles wie ein
Regen durchnässte. Am 11. August erst ritt ich von diesen
einfachen, freundlichen Leuten weg.

Mittags schoss ich im dichten Walde ein rehartiges Tier,
welches ich ausweidete und aufs Maultier schnallte; nachmittags erreichte ich den breiten und tiefen Rio Grande, welchen zu durchschwimmen ich mit meinem Tiere nicht zu
unternehmen wagte, da ich Krokodile befürchtete. Eine
Legua stromaufwärts erblickte ich ein Haus, wo auf mein
Rufen ein Mädchen mich mit einem Kanu hinüberholte,
während mein Tier am Lasso hinterherschwamm. Yacares*,
Krokodile, sollen hier keine Menschen angreifen. Das Haus,
von großen Bananenfeldern umgeben, gehörte einem Italiener, welcher abwesend war. Seine Frau und deren Schwester
brieten das erlegte Tier und gaben mir abends Logis im
Familienschlafzimmer, da der Aufenthalt unter der Veranda,
wo hierzulande gewöhnlich übernachtet wird, der vielen
Moskitos und Mariguis* wegen unmöglich war.

Schmetterlinge, Garapatte und Chunas

Am 12. August ritt ich bei schwüler Luft nach Las Lomas. Überall am Wege, wo feuchte Stellen waren, flatterten prächtige Schmetterlinge, sonst sah ich hier weder Vögel noch Tiere. Am 13. August lichtete sich der bisher undurchdringliche Wald, und weite Pampas, die mit kleinen Baumgruppen bestanden waren, breiteten sich auf beiden Seiten aus; viele Strauße und trappenähnliche Vögel, Chunas genannt, wurden mehrfach von mir aufgejagt. In Paliza, wo ich nachts einen heftigen Sturm erlebte, lernte ich eine neue Landplage, Garapatte, kennen. Winzig kleine Insekten sitzen haufenweise an allen Gräsern und Büschen und überkriechen bei jeder Berührung den menschlichen Körper, wo sie sich mit dem Kopfe festbeißen und nach einigen Tagen so voll Blut gesogen haben, dass sie die Größe von Kaffeebohnen haben. Jede Indierin schien eine Ehre darin zu sehen, diese holzbockähnlichen Tiere mittelst einer Haarnadel und einer brennenden Zigarre dem Gaste vom Rücken und den Körperteilen, wo man selbst nicht bequem ankommen kann, abzulösen. Reißt man die Tiere einfach ab, stellt sich ein tagelanges entsetzliches Jucken und Geschwulst ein.

In den heute früh durchrittenen Wäldern waren die überall durch den Sturm stürzenden Bäume eine große Gefahr. Fällt ein dicker Baum quer über den Pfad, ist der Verkehr gehemmt, da es ohne Beile und Äxte unmöglich ist, sich einen Weg durch das undurchdringliche Dickicht zu bahnen. Die Hiesigen zünden in diesem Falle an jeder Seite des Stammes mächtiges Feuer an und brennen ihn langsam durch, da die Zeit bei den Hiesigen keinen Wert hat.

Bei Kronenbolets in Santa Cruz de la Sierra

Ohne weiteres Ereignis erreichte ich spät abends am 15. August die Stadt Santa Cruz de la Sierra, wo ich, da hier keine Hotels noch Fondas existierten, die Gastfreundschaft eines Herrn Kronenbolet, für welchen ich Briefe hatte, in Anspruch nehmen musste.

Leider bekam ich hier den zweiten Tag einen leichten Anfall von Dysenterie*, die ich mir wohl auf der Reise durch Erkältung und den viel getrunkenen Zuckersaft zugezogen hatte, sodass ich mehrere Tage das Bett oder vielmehr die Hängematte hüten musste, von Frau Kronenbolet auf das freundlichste gepflegt. Eines Tages fügte es der Zufall, dass vier Deutsche, Natusch, Uslar, Krom und Mai, in seinem Hause waren. Für einen derselben, Herrn Uslar aus San Carlos, hatte ich gleichfalls Briefe, welche ich hier nun abgeben konnte; seine Einladung, mit nach seinem Distrikt zu reisen, nahm ich dankend an, da es die letzte von zivilisierten Indiern bewohnte Ortschaft nach Norden in schöner Gegend mit prachtvoller Jagd sein sollte.

Santa Cruz

Die sehr ausgedehnte und weitläufig erbaute Stadt Santa Cruz bietet für Fremde auch nicht das geringste Sehenswerte. Die Häuser sind fast alle gleich. Die Straßen sind breit, gerade, ungepflastert und mit fußtiefem Sande angefüllt. In der Stadt selbst sowie um dieselbe liegen große Gärten und Quintas, wo viele Blumen und alle Produkte der heißen Zone gedeihen. Außer sehr plumpen, zweirädrigen Karren, von Ochsen gezogen, gibt es hier kein Fuhrwerk. Waren werden seit einiger Zeit mit diesen Karren von Corumba in Brasilien in 14 Tagen bis vier Wochen hergeschafft, während früher nur leichte Sachen mit Mulas von der Westküste importiert werden konnten. Das Leben ist hier sehr billig, jedoch ist auch der Verdienst gering.

Zuckerfabrikation, Viehzucht und Ackerbau sind die Haupterwerbszweige der Bevölkerung. Trotz der Armut hält jede Familie viele Dienstboten, welche keinen Lohn, sondern nur Mais, Manioken* und Gamotten* als Nahrung erhalten. Es sind lauter Indierkinder, die von den Eltern für ein Geringes verkauft werden und bis zur Mündigkeit als Haussklaven dienen müssen. Trotz einer entsetzlichen Verkommenheit und Liederlichkeit werden sie meistens gut behandelt und als Familienangehörige betrachtet.

Bekanntschaft mit Uslar und Teofila Velasquez

Von meiner Krankheit genesen, ritt ich am 24. August mit Uslar nach dessen in der Nähe des Rio Japacany gelegenem Wohnsitze. Von der Stadt bis zum Rio Piray war ebene bewaldete, spärlich angebaute Gegend. Das Durchreiten des 1/2 Legua breiten sandigen Flussbettes hätte uns beinahe unsere Tiere gekostet: vom Regen der letzten Tage war Sand frisch angeschwemmt und noch lose, sodass die Tiere, als sie ins flache reißende und eiskalte Wasser traten, sofort bis zum Kopfe einsanken und wir nur durch sofortiges Abspringen dieselben herausziehen konnten. Wir packten unser durchnässtes Zeug und Gepäck zusammen, nahmen es auf den Kopf und führten die sich sträubenden Tiere mittels Lassos hinüber; wir waren so durchfroren, dass wir erst mittags in Las Lomas, wo wir uns Grog bereiten ließen, wieder warm wurden.

Am Rio Buendad

Vom Piray an wurde das Land hügelig und kahl mit vereinzelten Baumgruppen bedeckt. In La Perulcia, einem auf einem Hügel malerisch zwischen Orangen und Palmen gelegenen Hause, wurde übernachtet. Am 25. August trafen wir nach Sonnenaufgang am Ufer des fast ausgetrockneten Rio Buendad Tausende der grünen langschwänzigen Papageien, welche ein so lautes Geschrei machten, dass wir uns nicht unterhalten konnten. Vom Flusse Buendad bis zum Palonito durchritten wir abwechselnd Pampas und dichten Wald, der hier durch die Matoku-Palme gebildet wird, deren oft 100 Fuß hohe Stämme mächtige lang gefiederte Kronen tragen, unter denen große Büschel von eigroßen Früchten hängen.

Termiten

Nachmittags trafen wir in einer weiten Ebene viele Tausende vier bis sieben Fuß große halbkugelförmige Termitenbaue, welche so fest und glatt gearbeitet waren, dass ich hinaufklettern konnte, ohne imstande zu sein, sie zu zerbrechen. Mehrere Bauten waren umgerissen und zerstört, sodass ich erfahren konnte, dass das Innere hohl und die ein bis anderthalb Fuß starken Wände von unzähligen Gängen durchzogen waren. Die Termiten sind schwarz, mit großen Köpfen; einzelne Tiere sind fast ein Zoll* lang, die meisten jedoch haben die Größe der gewöhnlichen schwarzen Ameisen. Ameisenbären mit ihren kolossalen Krallen sollen die Baue aufreißen und zerstören, um die Insassen aufzulecken. Der Wildreichtum ist hier unerschöpflich; da Feuerwaffen gänzlich fehlen und jedermann nur Pfeil und Bogen führt, wird wenig erlegt.

In San Carlos bei Uslar

Durch sehr hübsche Gegend ritten wir spätabends über Santa Maria nach San Carlos und gelangten nachts in Uslars Behausung an. Uslar bewohnte ein kleines, gut gebautes Haus, von einem mit starken Jacarandaholzpfählen eingefriedeten Garten umgeben, wo nur Kakao und Kaffee angepflanzt waren. Das umliegende Dorf San Carlos mit ca. 40, ganz in Bananen- und Orangenpflanzungen versteckt liegenden Strohhütten hatte unter den Bewohnern nur acht Weiße, welche hier bei der denkbar geringsten Arbeit ohne Sorgen leben. Die Hütten sind gänzlich aus den Rippen und

Blättern der Palmen erbaut und ihre Herstellung bereitet nur geringe Mühe. Ein Stück Land, mit Mais, Yuka, Gamotten, Bananen, Zuckerrohr und Orangen bepflanzt, liefert den Leuten die erforderlichen Nahrungsmittel; gebrauchen sie bares Geld, so arbeiten sie während der Ernte in den größeren Zuckerplantagen oder flechten Hüte, welche an der Küste unter dem Namen Panamahüte bekannt sind und hier mit ein bis drei Bolivianos bezahlt werden.

Fischen und Jagen am Fluss Japacany
Den zweiten Tag ritt ich mit Uslar längs des Flusses Burutu nach dem wohl 500 Meter breiten Japacany, wo wir auf einer im Strome liegenden Insel eine Hütte errichteten und ein Lager aufschlugen, um von hier aus einige Tage zu fischen und jagen. Einige Meilen von San Carlos trafen wir noch ab und zu im Walde verwilderte Bananenpflanzungen früherer Ansiedlungen, dann nichts wie den hohen Wald, in den hier selten Menschen kamen. Derselbe besteht hier noch hauptsächlich aus Laubholz und nur stellenweise treten verschiedene Palmensorten auf. Eine Schlingpflanze rankt sich mit armdicken, mehrere hundert Fuß langen Schößlingen von Baum zu Baum und erreicht oft die Kronen hoher Bäume, ohne den Stamm zu berühren.

Andere Lianen sollen bei Wassermangel einen bitteren, jedoch trinkbaren Saft liefern, schlägt man solchen Stamm durch, läuft eimerweise die Flüssigkeit heraus. Von einem Baume bereiten sich die Indier ihre Hemden. Die Rinde wird vom Stamm gelöst und durch Klopfen, Reiben und Waschen vom Safte befreit, bis der wollartige Bast weich und geschmeidig ist.

Uslars Lebensgeschichte
Abends bei einem mächtigen Feuer, um Jaguare und Moskitos fernzuhalten, und von vielen Fledermäusen umschwärmt,

welche unsere Pferde sehr beunruhigten, erzählte Uslar mir
seine Erlebnisse.

Den ganzen folgenden Tag verbrachten wir mit mühevol-
lem Durchstreifen der schlammigen und durch Wurzelwerk
oft undurchdringlich gemachten Ufer, wobei nur einige
ungenießbare Wasserschweine erlegt und wenige Fische
gefangen wurden. Ohne Kanu fällt es hier schwer, größeres
Wild zu erlegen. Die jenseitigen Ufer des breiten schönen
Flusses sollen von wilden Indiern bewohnt sein, welche alle
Fremden, die das Land betreten, ermorden. Vor 15 Jahren
hatte ein Indierstamm den Fluss überschritten und in der
Nähe von San Carlos mehrere Bewohner getötet. Die gesamte diesseitige Bevölkerung kam darauf zusammen, umzingel-
te die Indier und tötete die meisten derselben. Gefangene
Kinder wurden auf den verschiedenen Estancias unterge-
bracht und leben zurzeit noch daselbst. Seitdem hat noch
niemand wieder den Strom überschritten.

Mariquis
Trotz der feindlichen Indier wäre dies schöne Land doch
wohl schon bewohnt, wäre nicht durch das häufige Vorkommen von Mariquis jegliche Kolonisation unmöglich
gemacht. Selbst die Indier setzen sich auf die Länge der Zeit
nicht gern den unaufhörlichen Stichen dieser Insekten aus.

Während der beiden Tage hatten wir frischen Wind und
spürten die Tiere wenig; am dritten jedoch, wo ruhiges Wetter eintrat, mussten wir uns beeilen, so rasch wie möglich
den Wolken dieser schrecklich peinigenden kleinen Fliegen
zu entkommen, indem wir die Ufer verließen und den dichten Wald aufsuchten. Leider waren unsere Pferde während
der Nächte schrecklich von den Fledermäusen gepeinigt und
gebissen und durch den dadurch verursachten Blutverlust
geschwächt worden. Des Morgens waren große Blutlachen
im Sande sichtbar und ich konnte sehen, wie das den kaum

sichtbaren kleinen Wunden am Rücken entsprungene Blut in Strömen am Körper heruntergeflossen war.

Eine auffällige Erscheinung bieten hier die kleinen Kinder, welche eine krankhafte Sucht zeigen, Erde zu essen, worauf ihnen der Leib unförmlich aufschwillt. Der begehrte Stoff ist ein weicher, fettiger Lehm ohne besonderen Geschmack. Als Gegenmittel geben die Eltern den Kindern große Zigarren zu rauchen, worauf sie die Erdesserei nachlassen oder vergessen sollen und wie die Erwachsenen darauflosrauchen und spucken.

Klöpfer möchte kein Viehzüchter in Bolivien werden
Den 30. August verabschiedete ich mich von den hiesigen Bewohnern und ritt mit Uslar zu Vasquez, von dem wir freundlichst empfangen wurden und welcher mir das Lohnende und Vorteilhafte der hiesigen Viehzucht zeigte, auch alles aufbot, mich zum Bleiben zu überreden. So meinte er, mit einigen Tausend Bolivio könne ich als einer der reichsten Leute hier viel verdienen und das Leben höchst angenehm genießen. Wenn nun auch das wundervolle Klima, die herrliche Gegend und die freundlichen Leute viel Verführerisches zum Bleiben hatten, war ich doch noch nicht so mit den hiesigen Gebräuchen vertraut, um mit der einfachen Lebensweise zufrieden zu sein und mein Leben hier zu beschließen. Ich zog es vor, auch noch mehr von der Erde zu sehen.

Mit dem Versprechen, wiederzukommen, ritt ich am 2. September durch dichte Palmenwälder über Zerabo nach dem Städtchen Portazuela, wo ich erst nachts eintraf. Am anderen Morgen verkaufte ich auf Wunsch des Präfekten diesem mein Pferd, in welches er sich verliebt hatte, während ich froh war, dieses scheußlich stoßende Tier loszuwerden. Natürlich musste er mir bis Santa Cruz ein anderes Tier borgen. Da ich hier sehr gewarnt wurde, nicht den oft kaum sichtbaren Pfad in den hier beginnenden menschenleeren

Wäldern zu verlieren, nahm ich im Dorfe Vipari einen Jungen an, welcher mich nach Vipazzi brachte, wo ich eine
unangenehme Nacht in einer halb offenen Raststätte erlebte. Nach einem sehr heißen Tage brach abends ein Gewitter
los, welches die ganze Gegend unter Wasser setzte und eisi-
ge Kälte verursachte. Ungeachtet meiner Decken fror mich
furchtbar auf meiner Schlafbank, während die nur leicht
bekleideten Frauen und Kinder zitternd umherhockten.

Erst mittags, den 4. September, hatte sich das Wasser so
weit verlaufen, dass ich nach dem nahen Ambaiba reiten
konnte, wo ich von dem Besitzer Chalot empfangen wurde,
um seine Zuckerpflanzung und Fabrikation zu besehen.

Zuckerplantagen und Zuckerproduktion in Bolivien

Da der Boden hier durchgehend schlecht ist, wird zur Zuckerpflanzung am liebsten Palmenwaldboden benutzt; die
Bäume werden gefällt, Blätter und Gestrüpp verbrannt,
während die Stämme liegen bleiben, weil sie im folgenden
Jahre bereits zerfallen. Das Terrain wird mit tiefen Gräben
umgeben, umgegraben und mit Rohr bepflanzt. Ist dieses
reif, wird es geschnitten, von Blättern und Blumen gereinigt
und zwischen drei aufrecht stehenden Walzen von hartem
Holz, von denen die mittelste von zwei Ochsen gedreht
wird, ausgepresst. Der gewonnene Saft muss sofort in flachen kupfernen Kesseln nach Zusatz von Pottasche einge-
kocht werden. In großen porösen tönernen Gefäßen wird
der kristallisierte Zucker mit Ton geklärt. Leider sind, da
alle Industrie fehlt, die Unkosten, namentlich die tägliche
Reparatur, so teuer und zeitraubend, dass wenig Verdienst
bei der Produktion bleibt.

Der Charakter der Hiesigen und der Fremden

Am 8. September begleitete mich Chalot nach der Estancia
Assusaqui, wo ein Schwager Kronenbolets, Suarez, die größte Zuckerkocherei im Lande hatte. Suarez, nach hiesigen
Verhältnissen ein sehr gebildeter Mann, war großer Freund
der Fremden und bot alles auf, mir den Aufentalt so angenehm wie möglich zu machen. Auch er versuchte, mich zum
Hierbleiben zu bewegen und machte mir die glänzendsten
Anerbietungen. Vermögen ist jedoch hier schwer zu machen;
dazu herrscht hier eine alle Unternehmungslust bald ver-
nichtende Temperatur, wodurch fast alle Fremden in kurzer
Zeit ihre Energie verlieren und schließlich wie die Hiesigen
ohne Sorgen mit Nichtstun von der Hand zum Munde leben.

Den 10. September verließ ich Assusaqui und traf spät
abends wieder in Santa Cruz ein. In der Stadt hatte ich vor meinem Abschiede noch ein Erlebnis, woraus so recht der ober-
flächliche Charakter der Hiesigen zu erkennen ist. Bei meinem
Besuche bei einer Freundin Kronenbolets, wo ich schon mehrfach gewesen war, sah ich einen der kleinen, hier viel gehalte-
nen Seidenäffchen und sagte, da das Tier sehr zahm und
zutraulich war, dass ich wohl ein solches mitnehmen möchte.
Mit unendlichem Wortschwall stellte die Dame mir das Tier
zur Verfügung und sagte, es hätte hier gar keinen Wert, sodass
sie täglich ein solches wieder erlangen könne; ich solle es nur
mitnehmen. Ich schob also unter herzlichen Danksagungen
mit dem Tiere in der Tasche heim. Als ich nach einem Umwe-
ge bei Kronenbolets eintraf, fragte Frau Kronenbolet, was ich
eigentlich mit dem Affen der Dona N. hätte, sie habe hergeschickt, um ihn holen zu lassen. Ich erzählte den Vorfall, wurde indes ausgelacht, dass ich noch nicht besser Leute und
Gebräuche kennengelernt hätte, um nicht zu wissen, dass solche Anerbietungen nur Höflichkeiten seien, die von gebildeten
Leuten nie angenommen würden. Dona N. hätte meine Hand-

lung als Scherz aufgefasst und das Tier daher wieder holen lassen wollen.

Transport von Fellen, Schlangenhäuten und einer Hängematte zurück nach Potosi

Tags vor meiner Abreise von hier nach Sucre wurde ich von der Postbehörde gebeten, mit dem Postboten die Reise zu machen. Derselbe hätte 3000 Pfund Silbergeld bei sich und es schien, da ich gut bewaffnet war, dass ich als Eskorte dienen sollte. Auf Zureden Kronenbolets und hauptsächlich aus dem Grunde, dass ich auf diese Weise ein Paket mit Fellen, Schlangenhäuten und eine Hängematte befördern konnte, nahm ich seine Begleitung an, ritt am 12. September aus Santa Cruz und erreichte am 23. September Chuquisaca. Diese Tour ist bei weitem nicht so interessant, wie der südliche Weg längs der Frontera über Sance und führt beständig durch wilde Gebirgsgegend, wo es oft unendliche Schwierigkeiten macht, von der armen und unfreundlichen Bevölkerung Lebensmittel für Menschen und Tiere zu kaufen. Bis zum 26. September machte ich Rast, damit mein Tier sich etwas erhole, und setzte dann die Reise nach Potosi allein fort, wo ich am 28. mein altes Logis bei Waldmann bezog. Dieser lebte seit Veröffentlichung meines Zeitungsartikels in größter Feindschaft mit den Hiesigen und wurde nur durch den neuen von Morales hergesandten Präfekten geschützt.

Bau einer Telegrafenleitung in der Minenstadt Huanchaca bis Ende 1871

Gleich nach meiner Ankunft hörte ich, dass Aree, der Eigentümer von Huanchaca, eine Telegrafenleitung legen lassen wollte. Nach Rücksprache mit Aree wurden wir einig, und ich nahm die gestellten Bedingungen an.

Schon am 16. Okt. ritt ich nach Huanchaca (14 718 Fuß hoch) und bezog hier ein Zimmer im Verwaltungsgebäude. Das Hüttenwerk Huanchaca liegt in einem von hohen Felsenhöhen umgebenen Tale und besteht nur aus den Fabrik- und Verwaltungsgebäuden, einer Kirche und einigen Hundert Arbeiterhütten aus Adobas erbaut. Da die Menschen, Maultiere, Häuser, Boden und die umliegenden Berge und Felsen alle eine gelbe Lehmfarbe hatten, war der Anblick dieser Anstalt im höchsten Grade trostlos. Von dem mehrere Leguas entfernten Pulacayo, wo sich die mächtigsten Silberminen Boliviens befinden, wurde das Erz mittelst Wagen hierher geschafft, um weiterverarbeitet zu werden. In Pulacayo gab es keinen Tropfen Wasser und selbst in Huanchaca war das in Kanälen weit hergeleitete Wasser nicht hinreichend, um alles gewonnene Erz verarbeiten zu können, sodass jetzt Dampfmaschinen in Europa bestellt waren.

Errichten der Pfähle für die Telegrafenleitung
Mittels eines 1200 Meter langen Tunnels, welcher horizontal in den Berg getrieben war, wird das im Inneren gewonnene Erz herausgeschafft und von Frauen und Kindern vom Gestein befreit und sortiert; es lag dort in mächtigen Haufen im Werte von vielen Millionen aufgestapelt. Das Erz ist in unerschöpflicher Menge vorhanden, wenngleich es nicht sehr silberreich ist.

Meine Aufgabe war nun, zwischen diesen beiden Orten eine telegrafische Verbindung herzustellen. Die Linie führt über gewaltige Höhenzüge und tiefe Schluchten; eine Bergreihe, Paca geheißen, war über 16 900 Fuß hoch, wo das Befestigen der Pfähle viele Arbeit verursachte. Da diese Pfähle nur sechs bis acht Fuß lang waren und eingemeißelt oder eingegraben kaum vier bis sechs Fuß hervorragten, mussten an allen Punkten, wo Lamawege die Linie kreuzten, steinerne Türme errichtet werden, auf welche die Pfähle gestellt wurden.

Leben in Huanchaca

Mitte Dezember hatte ich die Arbeit beendet. Trotz der trostlosen Lage, da alle Lebensmittel und Getränke von der Küste oder dem Inneren bezogen werden mussten, war das Leben behaglicher, als ich erwartet hatte. War auch die Tafel, an der die ersten Beamten, und, wenn hier anwesend, auch Aree mit Frau und Tochter speisten, ganz luxuriös gedeckt und mit ziemlich schmackhaften Speisen besetzt, so herrschte auch hier bei der Knappheit des Wassers keine all-zu große Reinlichkeit. Weihnachtsabend, als wir uns eigen-händig Apfelkuchen zum Punsch bereiteten und ich dieselben in die Küche trug, fand ich daselbst unsere Oberköchin, ein altes Scheusal von Hässlichkeit, mit hochgeschürzten Kleidern beschäftigt, sich Füße und Beine in unserem Suppentopf zu waschen.

Reise mit dem Maultier zur peruanischen Küste durch die Atacamawüste

Am 26. Dezember 1871 schickte Aree mir von Asiento end-lich zwei Cargamulas mit einem Führer, die beide so schlecht waren, dass ich, da jede Carga nur mit 200 Pfund beladen werden durfte, Bücher und schwere Sachen zurücklassen musste. Morgens schickte ich den zu Fuß gehenden Führer mit den Tieren nach Amachuma, wo ich ihn abends einhol-te und übernachtete. Leider war an Schlafen nicht zu den-ken, da die Indier ein Fest feierten, wobei sie auf Hörnern und mit Trommeln einen Heidenlärm veranstalteten.

Da ich die Nacht vorher in Huanchaca wegen einer Abschiedsfeier auch nicht zur Ruhe gekommen war, setzte ich todmüde am anderen Morgen meine Reise fort. Durch ebene mit Salz bedeckte Gegend, wo durch die Sonne gebleichte Gerippe gestorbener Maultiere den Weg bezeich-neten, erreichten wir mittags eine Posta Pujio. Da die

Bewohner abwesend waren, konnten wir nicht den Pozo*
mit Trinkwasser finden und sahen uns gezwungen, unseren
Wasserbedarf einer mit grüner Jauche gefüllten Pfütze zu
entnehmen, aus der ebenfalls die Tiere getränkt wurden.
Während der glühenden Mittagshitze stellte sich solcher
Durst bei mir ein, dass ich meinen Widerwillen bezwang und
das entsetzliche, salzige Wasser genoss, infolgedessen ich
furchtbar krank wurde und bei beständigem Erbrechen den
ganzen Nachmittag halb tot auf meinem Tiere hing.

Vom Rio Grande zur Indierstadt Chin Chin
Abends passierten wir den Rio Grande, wo die Tiere sich
durch das kühle, wenngleich sehr salzige Wasser etwas
erfrischten; nachts 12 Uhr erreichten wir die Posta Purilari.
Bewundern musste ich meinen indischen Führer, welcher
wohl ebenso durstig wie ich, im Geschwindschritte den
meist tiefen losen Sand durchwatete und dabei noch gesal-
zenes, trockenes Fleisch verzehrte. Am anderen Morgen
erwiesen sich meine Gepäcktiere ganz erschöpft, und wir
mussten daher bis zum 29. Dezember ausruhen, um dann
über Quilcha nach Canchas blancas zu reisen.

Das eine Tier war hier dem Verscheiden nahe, und ich
versuchte von dem Besitzer des Hauses ein anderes Tier zu
erhandeln. Ungeachtet eines Empfehlungsschreibens wollte
er kein Tier übrig haben und erst als ich einige fotografische
Aufnahmen machte, für die seine Tochter sich sehr interes-
sierte und die einen Apparat zu besitzen wünschte, akzeptierte er meinen Vorschlag, mir für einen Stereoskopapparat
eine Mula für Gepäck und einen Esel für meinen Führer bis
Calama zu borgen.

Am 31. Dezember, als ich abreisen wollte, traf ein Rei-
sender mit Knechten von Tupiza kommend ein, welcher hier
einen Rasttag machte. Da derselbe gleichfalls zur Küste ging,
schloss ich mich ihm an und blieb ebenfalls. Jahresschluss

feierten wir im Familienzimmer der ganz gebildeten, behaglich eingerichteten Familie.

Ascotan, die Grenze der Regenscheide
Am 1. Januar 1872 ritten wir zu der Quelle Tropichal, von wo der Weg durch Bergpartien mit mauerartig aufgetürmten Sandsteinfelsen führte. Auf der Höhe herrschte Sturm und Schneegestöber bei 2° Kälte. Im Tambo Biscachilla wurde übernachtet; Gerstenstroh ohne Ähren kostete hier sechs Dollar für vier Arrobas. Am 2. Januar ging es durch schneebedeckte Berge und weite Pampas nach Tapaquilcha, wo wir rechter Hand einen rauchenden Vulkan passierten. Mittags trafen wir viele Lagunen zwischen den Bergen an; das grüne nach Schwefelwasserstoff stinkende Wasser war von vielen Flamingos belebt. Von 4 bis 7 Uhr erstiegen wir eine Questa, auf deren Höhe Ascotan liegt, welches die Grenze der Regenscheide bildet.

Nach Osten, dem Inneren zu, herrschen namentlich im Sommer viele Gewitter, und auch jetzt war der Himmel mit tief hängenden, schwarzen Wolken bedeckt, während vor uns nach Westen sich ein wolkenloser Himmel erstreckte und niemals im Jahre ein Tropfen Regen fällt. Zwei Leguas hinter Ascotan durchritten wir am 3. Januar eine große Lagune, welche statt Wasser fußtiefen verwitterten blendend weißen Borax enthält. An den Seiten brodelten heiße Quellen, aus denen sich Borax beim Verdunsten absetzte. Gerippe und vertrocknete Leichen von Mulas und Eseln vermehrten sich hier in erschreckender Menge. Auf guten Wegen erreichten wir abends die Posta Santa Barbara.

Unsere Tiere konnten wir für zehn Real pro Kopf während der Nacht grasen lassen. Durch die denkbar ödeste Gegend reitend, trafen wir nachmittags den 4. Januar am Flusse Loa auf die alte Indierstadt Chin Chin, welche wohl eine Legua breit von grünen Feldern, Gärten und Bäumen

umgeben ist. Ich verabschiedete mich hier von meinem Reisebegleiter und nahm in einem Tambo Logis.

Ausgrabung von Mumien in Chin Chin
Durch Briefe an den Präfekten empfohlen, war dieser mir
behilflich, auf dem Kirchhofe einige Mumien der alten,
schon vor Ankunft der Spanier ausgestorbenen Bevölkerung
ausgraben zu dürfen, unter denen drei in ziemlich gutem
Zustande erhalten geblieben waren.

Wenige Fuß tief und oft dicht unter der Oberfläche
findet man diese Mumien mit allen ihren Gerätschaften,
Töpfen und Waffen in Ponchos eingehüllt. Die Knie sind
gegen die Brust gezogen und die Arme über die Beine gebo-
gen. Der ganze Körper und die Sachen sind mit grobem Zeu-
ge und Stricken umwunden. Die Leichen sind durch die feine Luft, den trockenen salzhaltigen Boden, die Hitze am
Tage und die Kälte in der Nacht allmählich ausgetrocknet
und noch jetzt sollen hier beerdigte Leichen sich gut konservieren.

Am 6. Januar erreichte ich nachmittags die bedeutende
Stadt Calama.

Calama, eine fast ganz verlassene Stadt
Die Stadt Calama, inmitten der verrufenen Atacamawüste
gelegen, ist rundumher, ähnlich wie Chin Chin, mit üppiger
Vegetation umgeben und man vergisst beim Anblick der
schönen Gärten, hohen Bäume, stattlichen Gebäude und
Kirchen ganz, inmitten der traurigsten Gegend Boliviens zu
sein. Die Stadt hatte in den letzten sieben Jahren einen gro-
ßen Aufschwung genommen, als nach der vor einigen
Monaten gemachten Entdeckung reicher Silberminen in
Caracollo, fast drei Viertel der Bevölkerung ihre Beschäftigung hier aufgab, die Häuser einfach zuschloss und nach
Caracollo zog. Infolgedessen ist die Stadt augenblicklich

verödet; ich konnte knapp Unterkommen in einem Hotel finden.

Vom höchsten Punkt der Kordilleren zum Ufer
des Stillen Ozeans

Am 7. Januar schickte eine ältliche Chilenin zu mir und ließ mich fragen, ob es mir recht sei, wenn sie sich meinem Arriero anschlösse. Mir war Begleitung natürlich nur angenehm und wir ritten am 8. Januar aus Calama ab. Die Gegend bis Misante war eben und mit feinstem weißen Kalkstaub bedeckt, welcher sehr belästigte; zum Schutze gegen denselben trugen unsere Leute große blaue Staubbrillen.

Am folgenden Tag passierten wir wieder den hier schon tief in Felsen eingeschnittenen Rio Loa, dessen Wasser bereits ungenießbar und salzig ist. Am Ufer herrschte reges Leben. Zu unserer Freude konnten wir unsere Tiere hier nochmals gut tränken und unsere Wasserbehälter füllen, ehe wir den Ritt in die nun vor uns liegende 42 Leguas lange, wasserlose und menschenleere Wüste antraten. Bis abends durchzogen wir ebenes Land mit tiefem, losem Sande bedeckt; die Hitze und der Staub belästigten uns stark; zwischen hohen Felsstücken wurde um 9 Uhr abends abgesattelt, rasch Pferdedung zusammengesucht, Feuer angezündet, Schokolade gekocht, gegessen und nach einstündiger Ruhe die Reise fortgesetzt.

Bei sternenklarem Himmel waren wir um Mitternacht auf dem höchsten Punkte der Küstenkordilleren angelangt, von wo wir nun, bis morgens 11 Uhr beständig bergabreitend, das Ufer des Stillen Ozeans erreichten und wo in der Wasserkondensationsanstalt Catico unsere Tiere den Durst löschen konnten. Am schmalen Strande, wo links die hohen, senkrecht abfallenden Berge, rechts hohe schwarze Klippen im Meere lagen, gegen welche sich die langen, gleichmäßig anrollenden Wogen brachen, ritten wir noch bis 2 Uhr mit-

Arica, Hafen von Tacuna, Bolivien, vor dem Erdbeben
am 13. August 1868

tags entlang, ehe wir die auf einer kleinen Halbinsel gelegene Stadt Cobija erreichten.

Von der nur kleinen Stadt Cobija ist wenig zu sagen. Einige Straßen haben recht niedliche Häuser, unter ihnen mehrere Hotels, eine Kirche und ein Zollgebäude. Pflanzenwuchs ist völlig unbekannt, da Regen hier gänzlich fehlt, aus
welchem Grunde auch alle kahlen Felsen und Klippen am
Strande mit einer Schicht gelblichen Guanos* bedeckt sind.
Hart hinter dem schmalen Ufer erheben sich senkrecht
abfallende, unübersteigliche Gebirge.

Von Arica nach Lima

Am 11. Januar fuhr ich mit dem vom Süden kommenden englischen Steamer „Atacama" nach Arica, wo ich nach Passierung der kleinen Plätze Iquiquc und Mejillones den 13. morgens 9 Uhr ans Land stieg und meinen Schulkollegen Böhling
aufsuchte, welcher nach der Erstürmung Potosi verlassen hatte.

Callao, Hafenstadt von Lima, der Hauptstadt von Peru, 1868

Im Hotel Europa, wohin ich mit viel Mühe meine Mumien hatte bringen lassen, da deren Ein- und Ausfuhr strengstens verboten ist, fand ich fast noch mehr Flöhe als in den Städten des Binnenlandes.

Die Stadt Arica, Hafenplatz vom nahen Tacuna, lag noch größtenteils vom letzten Erdbeben in Trümmern. Drei in der Nähe des Bahnhofs stehende Palmen und wenige kümmerliche Gärten waren die Überbleibsel der einst schönen Vegetation. Heftiges Erdbeben und eine darauf folgende mächtige Welle hatten die Stadt total vernichtet. Nur wenige Straßen im oberen Stadtteil waren wieder aufgebaut; ebenso das Zollhaus, der Bahnhof und einige Hotels. Als ich meine Sammlungen von Mumien verpackt und Böhling zur Spedition nach Hamburg übergeben hatte, verließ ich am 18. Januar die Stadt und setzte meine Reise mit dem Steamer „Cordillera" nach Callao fort. Am 19. ankerten wir vor dem kleinen unansehnlichen Städtchen Islay, Hafenplatz von Arquipa, und landeten am 20. in Callao. Im Marinehotel abgestiegen, fuhr ich, da ich hier keine Bekanntschaft hatte,

schon mit dem ersten Zuge nach Lima. Die Bahn fährt nur
20 Minuten und führt durch Vorstädte mit Alleen, Landhäusern, Gärten und durch angepflanztes Land.

Stierkampf in Lima

In Lima traf ich meine Bekannten zu Hause (Fenwart,
Fölsch, Niemeyer, J. Wirtz, Bruzle), mit denen ich bis zum
28. alles Sehenswerte in Augenschein nahm. Am Sonntage
besuchte ich den Zirkus, wo ein Stiergefecht abgehalten
wurde. Das einige Tausend Menschen fassende Gebäude
war nur spärlich besucht; vor der Präsidentenloge spielte
Militärmusik und waren Soldaten aufgestellt. Als Eröffnung
machten sämtliche in altspanischer Tracht gekleideten Stier-
fechter sowie die grau angezogenen Neger mit ihren Karren
zur Hinausschaffung der Pferde- und Stierleichen einen
Rundgang. Auf ein von einem Beamten gegebenes Zeichen
wurde nun ein Stier hereingelassen und von mehreren berittenen Leuten mit Lanzen geneckt. Nach diesen erschienen
sogenannte Bandarilleros, welche bunt-bewickelte Holz-
stücke dem auf sie heranstürmenden Stier in den Nacken
stießen. Als der Stier durch die Lanzenstiche und die am
Nacken hängenden Bandarillas wild gemacht worden war,
erschien der Espada, welcher mit einem langen Schwerte das
Tier von vorn zu erstechen suchte. Gut getroffen stürzte das
Tier sofort zusammen; bei fünf Stieren glückte das jedoch
nur einmal; die übrigen vier liefen noch lange umher, ehe sie
zum zweiten Male getroffen und durch einen Genickstoß
von der Qual befreit wurden. Als ich bei fünf Tieren dieses
widerliche Abschlachten gesehen hatte, ging ich fort, nicht
begreifend, wie gebildete Leute sich für solche Rohheit
begeistern können. Als ein lobendes Zeugnis für die Hiesigen ist es anzusehen, dass diese Vorstellungen fast niemals
ordentlich besucht sind.

Die Stadt Lima

Die Stadt Lima soll einer der schönsten Plätze Südamerikas sein; sie hat gerade, breite Straßen, große freie Plätze mit vielen Statuen und schönen Bäumen, viele mit farbigen glasierten Kacheln belegte Kirchen und Klöster, schattige Alleen und Spazierwege. Alte historische Gebäude sind nur noch wenige vorhanden, eine Brücke über den Rio Rimac soll noch aus Pizarros Zeit stammen. Die ganze Stadt ist mit Wasser- und Gasleitungen versehen und hat sauber und gut erhaltene Fahr- und Fußwege. Callao, der Hafen Limas, ist bedeutend kleiner, hat aber ebenfalls schöne Straßen mit großen Läden und prachtvollen Privathäusern. Auf den Hauptplätzen ist allabendlich Konzert; es gibt hier viele Vergnügungslokale, Cafés, Theater, öffentliche Wirtschaften und Kirchen. Die ziemlich zahlreiche deutsche Kolonie besitzt einen sehr hübschen Klub mit Kegelbahn, Schießstand, Gesangsverein.

Reise nach Manila zu Emil Klöpfer und erste Reise um die Welt von Januar bis Juli 1872

Am 27. Januar verließ ich mit dem englischen Steamer „Areguipa" Callao und erreichte folgenden Tages Payta*, bis wohin sehr viele Deckspassagiere, meistens gelbe und schwarze Frauen mit unendlich vielem Gepäck, mitfuhren. So trostlos die Ufer vom Wasser aus erscheinen, so reich muss das Binnenland indes hier sein, da sehr viele große, roh aus Balken und Stämmen zusammengebundene Flöße bedeutende Quantitäten Zucker, Kaffee und Kakao an Land brachten. Winzig kleine Kanus mit zwei halb nackten dunklen Frauen bemannt, boten, trotz der sehr hohen Wellen, Früchte, Brot und Zigarren zum Verkauf an.

Fern vom Lande hatte ich schon heute früh wunderliche Schiffe gesehen; sie waren aus fünf massiven Stämmen gebildet, welche, keilförmig abgeschnitten, mit Mast und großen Segeln versehen waren. Am 31. Januar passierten wir die Plata Jelande, wo wieder die Regenzone begann und wir sofort tüchtige Gewitter und Regenschauer erhielten. Im Meere schwammen hier viele Schildkröten, gelb und schwarz gebänderte Wasserschlangen, Haifische und fliegende Fische.

Taboga und Taboquilla

Am 3. Februar trafen wir bei Sonnenaufgang auf mit Palmen bedeckte bewohnte Inseln, 9.30 Uhr fuhren wir in nächster Nähe zwischen den beiden Inseln Taboga und Taboquilla hindurch und ankerten gegen 11 Uhr vor der Insel Flamingo, wo sich viele Werkstätten und Vorratshäuser der Dampfschifffahrtsgesellschaften, viele Ortschaften und Villen, zwischen Palmen und Bananen liegend, befanden. Der Anblick vom Schiffe bei schönem Wetter auf diese Inseln und auf die davorliegende Stadt Panama ist wundervoll. Nach Süden erblickt man die im tiefblauen Wasser liegenden üppig grünen Inseln mit den weißen Gebäuden, roten Dächern, den vielen daran liegenden Dampf- und Segelschiffen, nach Norden das feste Land mit hohen bewaldeten, zerklüfteten Bergen, einen mit Palmen bewachsenen Strand, auf einem Vorsprunge die altertümliche Stadt Panama mit Kirchen, zerfallenen Gebäuden, mächtigen Hafenmauern und mit Ziegel gedeckten Häusern.

Die Stadt Panama

So hübsch die Stadt vom Wasser aus sich darbietet, so wenig Schönheit ist im Inneren zu finden. Mit Ausnahme der Plaza, wo ein sehr großes elegantes Hotel und einige hübsche Häuser der Fremden liegen, sieht man nur schlechte, armselige Gebäude. An der Wasserseite wird die Stadt durch eine noch von den Spaniern erbaute mächtige Hafen- und Befestigungsmauer begrenzt, auf welcher Promenaden angelegt sind, die abends der Kühlung wegen sehr besucht werden.

1/4 Legua von der etwas erhöht liegenden Stadt befinden sich am flachen Ufer große Güterschuppen, der Bahnhof mit einer Landungstreppe, Beamtenwohnungen und mehrere Hotels. Unzählige Hütten der Neger bedecken das ganze Ufer und die ins Innere führenden Wege. Indier sieht man gar nicht. Interessant war bei eingetretener Ebbe der Fruchtmarkt um die dann hoch am Strande liegenden Fruchtschiffe. Alle waren aus einem Stamme gefertigt, einige 40 Fuß lang und zehn Fuß breit, welche mit den schönsten Früchten beladen waren; des Fiebers wegen wurde ich indes gewarnt, Mangos und Ananas zu essen.

Die Vegetation und Landschaft längs der Bahn war herrlich und hatte große Ähnlichkeit mit der Gegend bei San Carlos in Bolivien. Am 12. Februar brachte die Bahn endlich die von New York erwartete Post und ca. 80 Passagiere, welche sofort nach der bei Flamingo ankernden „Alaska" gebracht wurden.

Fahrt mit dem Räderdampfer „Alaska" von Panama nach San Francisco

Am 13. Februar frühzeitig fuhr ich an Bord des amerikanischen Räderdampfers „Alaska". Am 15. Februar ankerten wir vor Puntas Arenas. Die Stadt lag am flachen ebenen Strande, in weiter Ferne erblickte man Gebirge. Vor dem Zollhause befand sich eine eiserne Landungsbrücke. Die zwei Hauptstraßen des Platzes hatten kleine freundliche Holzhäuser zwischen Gärten und Palmen. In einer sauberen Restauration gab es zu billigen Preisen sehr gute Austern und Rheinwein. An jeder Straßenecke befanden sich kleine eiserne Handpumpen. Nachdem die „Alaska" viele Säcke Kaffee geladen hatte, fuhren wir nach Libertad.

Von dieser Stadt war nichts zu sehen. Die Ufer waren mit Gebüsch und verdorrten Bäumen bedeckt. Am 19. Februar empfing das Schiff sehr viel Zucker in Acajutlan. Hohe Berge, bewaldete Ufer kamen in Sicht, in der Ferne sahen wir zwei brennende Vulkane. Bis zum 29. Februar, wo das Schiff vor San Lucas, der Südspitze Kaliforniens, Passagiere absetzte, dampfte es von Hafen zu Hafen oder vielmehr von Estancia zu Estancia, wo überall Zucker und Kaffee zu empfangen waren und Signale zur Weiterfahrt gesetzt wurden.

Walfische vor Acapulco

In Acapulco liefen wir in die von hohen Bergen umgebene Bai, erhielten Nachricht, dass Rebellen die Stadt belagerten und beschossen, und verließen sofort wieder den Hafen. Die Fahrt war durch den schönen Anblick der bewaldeten Ufer und der sich allmählich zu bedeutsamer Höhe erhebenden Berge äußerst interessant. Das Meer war vielfach von Walen, Haifischen, Spring- und fliegenden Fischen belebt.

Eines Mittags rief uns der Captain von der Tafel, um den Kampf eines Wals mit einem uns nicht sichtbar werdenden Schwertfische anzuschauen. Nachts am 27. glaubten der Captain und die Offiziere, ein brennendes Schiff zu erblicken, und steuerten darauf los; beim Näherkommen erkannte man einen Walfänger, Speck ausbrennend. Mehrfach sahen wir breite, rosa gefärbte Streifen sich viele Meilen weit durch das Meer hinziehen; als wir wieder solche Schicht durchfuhren, schöpften einige Matrosen mit Eimern Wasser empor und wir sahen nun, dass Milliarden schwimmender Muscheln oder Schnecken die Färbung verursachten. Von San Lucas erreichten wir in sechs Tagen am 6. März San Francisco. Die ganze Küste Unterkaliforniens war kahl und öde, und erst bei San Pedro erblickten wir besiedelte Berge und schönes Weideland, wo überall Landhäuser lagen und große Herden Rinder und Schafe weideten. Sehr viele Wasservögel, Robben, Seehunde und Springfische belebten das Meer und die kleinen Inseln.

Frühmorgens, den 6. März, fuhren wir durch die nur schmale Einfahrt, Golden gate, in die Bai von San Francisco.

Die Fahrt von Panama hierher war durch das viele Anlegen und Stillliegen sehr langweilig, da wir nur selten ans Land fahren konnten. Was den Anblick der schönen Küste betrifft, so gibt es wohl wenig interessantere Fahrten. In einem mir in Lima empfohlenen Hotel fand ich sehr reinliche Zimmer und unendlich gute Beköstigung bei bescheidenen Preisen.

San Francisco

Die Stadt San Francisco mit ca. 160 000 Einwohnern macht durch die weit gedehnte hügelige Lage mit bergiger Umgebung einen freundlichen Anblick. Sie liegt auf der östlichen Seite einer durch die vielarmige Bai gebildeten Halbinsel. Gegenüber liegt das freundliche Städtchen Oakland. Die nächste Umgebung ist öde und dürr, meistens Sandboden mit trockenem Gebüsch und niedrigem Gestrüpp. Wenn kein Regen fällt, herrscht beständig schrecklicher Staub. Die Geschäftsgegend an der Wasserseite bis Samson und Markelstreet ist nicht besonders einladend. Die Fuß- und Fahrwege sind durch festgenagelte Planken hergestellt, auch sind die meisten Häuser ganz aus Holz errichtet. Am Tage herrscht große Tätigkeit in diesem Stadtwinkel, er wird jedoch nach Sonnenuntergang nicht gern betreten.

Jenseits der genannten Straßen beginnt der schöne Stadtteil, die Straßen sind hier breit, mit Holzklötzen gepflastert und mit Fußwegen von Asphalt versehen. Neben recht hübschen Holzhäusern sind in letzter Zeit prächtige Hotels und Wohnhäuser aus Stein erbaut. Eine sehr schöne Einrichtung sind die großen eleganten Markthallen, wo alle Produkte und Erzeugnisse des Landes feilgeboten werden. Wenige Landschaften der Erde haben solche Auswahl an Produkten aller Zonen aufzuweisen wie Kalifornien. Arbeit muss hier gut bezahlt werden, da man selten schlecht gekleidete Menschen sieht; Frauen treiben auch hier den denkbarsten Luxus. Auffällig ist die Sucht der Hiesigen, sich ungeniert oder besser gesagt, sich möglichst auffällig zu geben. In Bierstuben, Restaurationen, werden die Füße auf den Tisch gelegt und nach rechts und links wird gespuckt, wie die Lamas. Tische und Stühle werden von den Gästen mit Taschenmessern zerschnitten, weshalb die meisten Wirte kleine Holzklötze angebunden haben, damit die Kunstschnitzer die Tische schonen.

Pacific Mail Steamship Company's Steamer
GREAT REPUBLIC.
LENGTH ON WATER LINE 360 FT   BREADTH OF BEAM 50 FEET   DEPTH OF HOLD 31½ FEET   TONNAGE 3882.

Der Räderdampfer „Great Republic"

Auf offener Straße sah ich mehrfach einen eleganten Herrn mithilfe eines Negers eine Trittleiter aufstellen, Flaschen darauf ausbreiten, eine Gitarre ergreifen und oben auf der Leiter singen, worauf er als Doktor seine Medikamente anpries.

Kein Theater, kein Konzert noch Vortrag ist hier denkbar, wo nicht nebenbei einige Neger oder Imitationen von ihnen mit Becken und Tamburin sich Kopf, Bauch und Hinterteil bearbeiten. Das Klima in San Francisco ist mild, Blumen blühen das ganze Jahr und man kennt beinahe keinen Frost im Winter.

Am 5. April fuhr ich mit dem amerikanischen Räderdampfer „Great Republic" von hier nach Hongkong.

In 24 Tagen mit dem Räderdampfer „Great Republic" nach Hongkong

Außer einer vollen Ladung führte das Schiff eine Kollektion aller Rassetiere für die japanische Regierung mit, darunter

Pferde, Stiere, Kühe, Schweine und Schafe, ferner über 1000 chinesische Zwischendeckspassagiere und 22 Kajütspassagiere. Schon beim Verlassen des Kais wehte ein heftiger Wind in der Bai, und als wir die Einfahrt hinter uns hatten, wurde der Kasten von den seitwärts kommenden Wogen entsetzlich hin- und hergeworfen. Das Donnern der Wellen gegen das Schiff und die Radkästen, das Knarren der Planken und Wände des hölzernen Schiffes, das Stampfen der Maschine, das Schreien und Pfeifen der chinesischen Matrosen und Bootsleute, das ununterbrochene Rutschen und Trampeln der auf dem zweiten Deck stehenden Tiere, das Erbrechen und Stöhnen der Passagiere machten eine höchst unangenehme Unterhaltung.

Gegen Mittag wurden die Ochsenställe und die Badezimmer und Klosetts der Passagiere zertrümmert sowie eine ganze Strecke der Schanzkleidung weggeschlagen. Um nicht das Leben der wertvollen Tiere zu gefährden, welche durch das Rollen des Schiffes schon sehr gelitten hatten, wurde der Kurs geändert, sodass wir die See von hinten bekamen. Am 10. April trat endlich ruhiges Wetter ein und wir erreichten am 1. Mai Japan, frühmorgens vor Yokohama die Anker werfend.

Die 25- oder genauer 24-tägige Fahrt, da beim Passieren des 180. Längengrades der Morgen als Sonntag, den 21. April, der Nachmittag jedoch als Montag, den 22. April, berechnet wurde, war entsetzlich langweilig.

Trotzdem das Wetter trübe und kalt war, boten die nahen Küsten einen hübschen Anblick; Wälder, Gebirge, große volkreiche Ortschaften waren deutlich zu erkennen.

Viele schlanke Fischerboote fuhren an uns vorbei, deren Bemannung teils mit turbanähnlichen Hüten und langen blauen Röcken bekleidet war.

Gleich nachdem die Anker gefallen waren, wurde das Schiff von Booten, Schaluppen* und großen Lastfahrzeugen

umringt, aus denen viele dunkelbraune Arbeiter das Schiff
erstiegen, um sofort die Waren zu löschen. Nach dem Frühstück fuhr ich mit einem der Mitreisenden an Land, um
Stadt und Umgebung zu besehen.

Yokohama

Am Strande, wo sehr viele Menschen umherstanden, passierten wir ein Zollhaus und gingen durch breite, sehr rein-
lich gehaltene Straßen mit Landhäusern und Gärten der
Fremden nach der Stadt. Der Eindruck, welchen das Land
sofort beim Betreten macht, ist unbeschreiblich, da fast jeder
Gegenstand fremd und auffallend ist.

Im American Hotel wurde eingekehrt; hier hörten wir,
dass um 9 Uhr ein Steamer nach Yedda fahre, mit welchem
wir die Tour dorthin machten. In Begleitung von mehreren
Japanesen und einigen Europäern erreichten wir in drei
Stunden Yedda.

Die Stadt – eine Brandruine
Die Stadt selbst bot, soweit man sie hier vom Wasser über-
sehen konnte, einen höchst betrübenden Anblick, da nichts
als verkohlte Balken, einzelne steinerne Schornsteine und
Ruinen zu sehen waren. Durch eine am 3. April ausgebro-
chene Feuersbrunst waren fast zwei englische Quadratmei-
len der dichtbevölkertsten Stadtteile niedergebrannt, wobei
viele Hundert Menschen umgekommen sein sollen.

Wenige Quadras* vom Landungssteg trafen wir ein pro-
visorisch aus Brettern erbautes englisches Hotel, wo jeder
von uns einen der kleinen leichten Wagen, von einem nackten, bunt tätowierten Kuli* gezogen, mietete und uns nach
dem Shiva*-Tempel fahren ließ.

Straßen und Häuser

Die meisten Straßen sind schmal und krumm, mit einstöckigen hölzernen Gebäuden. Alle Häuser haben wunderbar geschnitzte Pfannendächer, große Giebelverzierungen, originelle Inschriften, vorspringende Balken und Erker. Holzwerk und Türpfosten sind vielfach sauber geschnitzt. Die Fenster, welche den größten Teil der Wandseite einnehmen, sind klein kariert und haben Scheiben von Ölpapier. Läden und Geschäftslokale sind größtenteils nach der Straße hin ganz offen, sodass man die meisten Handwerker als Schmiede, Tischler, Schneider, Schirm- und Lampenmacher in ihrer Tätigkeit beobachten konnte. Vor vielen Häusern befinden sich Brunnen mit hölzerner Einfassung, aus denen Wasser mit Stange und Eimer geschöpft wird.

Jede Straßenecke wird von braun uniformierten Polizisten bewacht, welche für jedes in ihrem Revier verübte Vergehen aufkommen müssen. In vielen Straßen herrscht dichtes Gedränge und beständiger Jahrmarkt. Außer Laden an Laden gibt es viele Teehäuser, Theater, Schaubuden, Taschenspieler und Schießstände, wo mit Bogen und Blasrohren geschossen wurde.

Kanäle und Gartenanlagen

Einzelne Stadtteile sind mit Kanälen durchzogen, über welche hübsche halbkreisförmige Brücken führen. An den Rückseiten der Straßen, welche an die Kanäle stoßen, liegen Gärten und Anlagen. Pferde sahen wir selten. Selbst schwere Lasten wurden von vier Leuten, von denen zwei vorn und zwei hinten gingen und bei jedem Schritt gleichmäßig riefen, befördert.

Ein Shiva-Tempel

Als unsere Kulis uns vor dem Tempel abgesetzt hatten, traten wir durch das Haupttor in einen mit blauen Kieseln gepflasterten Hof, von hohen Mauern umgeben, wo wir viele Altäre, eine kolossale Bronzeglocke und eine wohl zwölf Fuß hohe Bronzefigur erblickten. Um diese Figur herum saßen viele Frauen, Tee und Kuchen zum Verkauf bietend. Durch verschiedene Höfe, wo die Türen sich durch prächtige Schmiedearbeit auszeichneten, gelangten wir schließlich in ein größeres Gehölz von Tannen und Eichen mit schönen Wegen.

Zu Gast in einem japanischen Haus

Nach langem Umherlaufen suchten wir schließlich ein Erfrischungslokal, um etwas zu essen. Zu unserem Glück erblickten wir einen Bäckerladen, dessen Besitzer einige Worte Englisch verstand. Er lud uns sofort in seine Privatwohnung ein, wo Frau und Töchter uns Brot, Konserven und Eier auftischten. Die Frau und das Mädchen benahmen sich höflich und frei und durchaus nicht schüchtern. Das Haus war aus sauber gehobelten braunen Balken und Brettern erbaut, hatte Schiebefenster, tapezierte Wände und polierte Fußböden.

Die Nacht verbrachten wir in einem von ihm empfohlenen Hause, nachdem wir mit unserem freundlichen Führer im englischen Hotel gespeist hatten.

Mit der Pferdekutsche durch Yokohama

Am 2. Mai fuhren wir nach Yokohama zurück. Neben dem Kutscher, einem Engländer, der uns alles erklären konnte, saß ein Japanese, welcher in den lebhaften Straßen abspringen und vorauslaufen musste, um Unglück zu verhüten. Nach der Fahrt wurden die Pferde vor einem der vielen Teehäuser getränkt, während wir uns von den Mädchen Erfrischungen geben ließen.

Im Teehaus

Diese Häuser, für die Gäste in viele Räume geteilt, von Gärten umgeben, beherbergen eine Menge junger Mädchen als
Aufwärterinnen; kommt ein Wagen vorgefahren oder ein
Gast, so eilen sofort ein halbes Dutzend dieser niedlich
gekleideten und oft recht hübschen Mädchen vor die Türe
und offerieren Tee, Brot, Kuchen, Tabak, Feuer und andere
Sachen. Nach viertelstündiger Rast ging die Fahrt längs des
nahen Strandes weiter; hin und wieder waren ganz entzü-
ckende Landschaften, schöne Tannen und Eichenwaldungen, Reisfelder, Wiesen, lang gestreckt am Wege liegende
Ortschaften wie Rawasaka, Jangaisano, Ranagawa zu
sehen.

Auf einem mittelst einer Fähre passierten Flusse erblickten wir den schneebedeckten Fujiyama.

Aussehen und Kleidung der Japaner

In Yokohama benutzten wir den Nachmittag mit dem Besehen dieser Stadt. In der kurzen Zeit, seitdem Japan den
Fremden eröffnet wurde, ist das Volk wunderbar fortge-
schritten. Schiffe, Maschinen, Telegraf, Eisenbahn, Münze
und Druckereien werden von Eingeborenen gebaut und
geleitet. Viele Personen haben bereits europäische Kleidung
angenommen und nur noch die geringere Bevölkerung läuft
durchgehend in ihrer viel kleidsameren Nationaltracht. Bei
den Männern besteht diese aus einem langen Schlafrock,
dunkelblau mit weißen Verzierungen, weiten Hosen, Sandalen oder Pantoffeln mit hohen Leisten, sodass sie damit
durch tiefen Schmutz gehen können. Die Haare werden vorn
rasiert und die Nacken- und Scheitelhaare oben zusammen-
gebunden, geklebt und zu einem hakenförmigen Zopf gebo-
gen; Hüte existieren in den wunderbarsten Formen.

Kleidung der Japanerinnen

Die Frauen und Mädchen tragen lange Röcke mit weiten
Ärmeln, vorn tief ausgeschnitten. Als Gürtel dienen breite
farbige Tücher mit großen Schleifen nach hinten. Alle Kleider sind vorn offen und übereinandergelegt und geknöpft,
sodass beim Sitzen meistens die entblößten Knie und Beine
zu sehen sind. Der Haarputz ist fast wie in Europa mit farbigen Schnüren und großen Nadeln hergestellt. Durchgehend sieht man frische volle und oft hübsche Gesichter,
jedoch nur wenige große Gestalten. Verheiratete Frauen sollen sich die Augenbrauen abschneiden und die Zähne
schwarz färben. Der weit entblößte Hals und die Brust sind
dick mit weißem Puder belegt. Männer und Frauen tragen
stets Fächer oder Schirme aus Papier.

Weiterfahrt mit der „Great Republic" nach Hongkong

Am 3. Mai verließen wir das schöne Land. Am 6. war das
Wasser wärmer als die Luft, daher abends prachtvolles Mee-
resleuchten. Am Tage fuhren wir zwischen Inseln, unter
ihnen zwei mit brennenden Vulkanen, aus denen mächtige
Rauchwolken sich erhoben; andere hatten wunderbare Formen und ragten wie Nadeln aus dem Meere empor. Auf
Tuboa und Churo erblickten wir durch Fernrohre viele Dörfer in den Wäldern. Der Captain erzählte, dass die Bewohner dieser Loochoco-Inseln fast lauter Piraten sind; erst vor
kurzer Zeit sind alle Schiffe dieser Inselbewohner zur Strafe
verbrannt worden.

Bis zum 9., als wir die felsigen kahlen Ufer der chinesischen Küste erblickten, war unser Schiff voll von erschöpf-
ten Landvögeln, z. B. weißen Sperlingen, Schwalben und
Amseln; in den Masten saßen 50 weiße, große Vögel mit
zwei weißen langen Schwanzfedern. Abends kamen die
Leuchtfeuer von Amay in Sicht. Am 11. Mai gelangten wir

in ein Inselmeer mit Gras und Kräutern bewachsenen, jedoch baumlosen Bergen. Die sich dazwischen hindurch windende Wasserstraße war oft nur 200 bis 300 Fuß breit und an beiden Seiten mit Dörfern und großen Flotten der originellen chinesischen Dschunken belebt. Morgens 9 Uhr kamen wir in Sicht der Stadt Hongkong, welche am Fuße eines hohen kegelförmigen Berges gelegen ist und mit den vielen weißen Gebäuden, Fabriken, Kasernen, schönen Anlagen und Alleen, den vielen, in der von Inseln einge-schlossenen Bai ankernden Dampf- und Segelschiffen, Dschunken und Booten, einen wunderhübschen Anblick bot.

Am Kai, wo unser Steamer anlegte, entstand ein gewalti-ges Gedränge, da Tausende von Chinesen ihre Bekannten und Verwandten in Empfang nehmen wollten. Nur mit größter Mühe hielten mit kurzen dicken Stöcken bewaffne-te indische Polizisten die Ordnung aufrecht. Sobald die Treppen ausgelegt waren, nahm ich chinesische Träger und ließ mein Gepäck nach dem Hongkong Hotel bringen.

In Hongkong

Als ich etwas später durch die Praya* ging, erkundigte ich mich bei einem in der Haustür stehenden Mann nach der Straße. Trotzdem ich denselben englisch anredete, antwor-tete er deutsch, nannte mich bei Namen und gab sich als Schulkollege namens Radatz zu erkennen. Von ihm hörte ich, dass sich im ersten Stock seines Hauses ebenfalls ein Hotel befände; ich ließ sofort mein Gepäck hierherholen und war erfreut, einen Bekannten getroffen zu haben, wel-cher mir die Sehenswürdigkeiten der Stadt zeigen konnte.

Bis zum Tage meiner Abreise durchstreiften wir zu Fuß oder mit den hier gebräuchlichen von zwei Chinesen getra-genen Sänften die Stadt.

Das englische Stadtviertel

Bei der Besitznahme der Insel durch die Engländer soll kein
Baum vorhanden gewesen sein, während jetzt in den wenigen
Jahren die prächtigsten Alleen, Promenaden und Parks vor-
handen sind; alles zeugte von einer musterhaften Ordnung
und geregelten Verwaltung. Oberhalb der Stadt sind schöne
Reit- und Fahrwege durch Sprengung der Felsen hergestellt,
welche mit schönen Landhäusern und Gärten der fremden
Kaufleute umgeben sind. In der Praya und den umliegenden
Straßen befinden sich die Geschäftshäuser der Fremden. Im
Queensroad ist Laden an Laden, die mit Ausnahme weniger
Geschäfte mit Getränken, Garderobe und Herrenartikel von
Chinesen nach europäischer Weise geführt werden. Die
eigentliche Chinesenstadt befindet sich mehr nach Norden,
wo unendliches Gewühl und Leben herrscht.

Die eigentliche Chinesenstadt

Alle Häuser haben hier große Schilder, mit Lampions
behängte Balkons und Läden mit Sitzgelegenheiten vor den
Haustüren. An den Straßenecken sitzen Geldwechsler mit
großen Türmen Messinggeldes. Auf dem schrecklich stin-
kenden Markte sieht man die wunderbarsten Seefische und
Seetiere hängen und liegen.

Der ganze hier lebende Menschenschlag ist schrecklich
hässlich und die wenigen ansehnlichen Frauen und Männer
sind von anderen Plätzen hergezogen.

Die Ufer der weiten Bai sind mit Tausenden von großen
und kleinen zu Wohnungen eingerichteten Booten bedeckt,
auf denen fast ebenso viele Menschen wohnen wie in der
Stadt. Nur durch sehr strenge Polizeimaßregeln sind die früher häufigen Beraubungen und Überfälle unterdrückt worden.

Mit dem Steamer „Formosa" nach Manila

Viele Umstände hatte ich, einen Pass zu erlangen, da ich
ohne einen solchen kein Billet für Manila kaufen konnte.
Am 15. Mai fuhr ich mit dem englischen Steamer „Formosa" Richtung Süden.

Mit mir war ein spanischer Arzt in der Kajüte; im Vorder-
deck befanden sich einige 30 halb nackte Malaien und Chinesen. Bei der beständig herrschenden Windstille war die Hitze
so sehr drückend, 28° R auf Deck und 32° R in der Kajüte.
Mit Ausnahme der um 9, 12 und 4 Uhr genommenen warmen
Mahlzeiten war ich beständig mit dem liebenswürdigen Captain Yong auf Deck, wir lasen, spielten Schach oder schossen
mit der Büchse auf die vielen uns umschwimmenden Haifische. Am zweiten Tage nach der Abreise stellten sich eine solche Menge Fliegen in der Kajüte ein, dass es trotz Fallen, Gift
und beständigem Fächern der Diener kaum beim Essen auszu-
halten war. Am 19. Mai fuhren wir in die Bai von Manila.

Die Bai von Manila

Nach Süden und Westen erblickten wir in weiter Ferne die
Berge von Cobra, Laban und Mindora. Innerhalb der Bai
sahen wir links nur einige Bergspitzen, rechts auf flachem
Ufer die Stadt Cavite und weiterhin Manila. Vor derselben
ging die „Formosa" vor Anker. Etwa 30 Segelschiffe lagen
mit uns in der flachen Bai. Die ebenen Ufer und die wenigen
sichtbaren Gebäude, Kirchen und Dächer machten einen
langweiligen und unschönen Anblick. Nachdem unendlich
viele spanische Beamte der Polizei, Administration, Pass-
und Gesundheitsbehörde an Bord gekommen waren, konnte ich das Schiff verlassen. Ich erfragte die Adresse meines
Bruders und traf denselben vor der Tür seiner Wohnung. Da
er keine Ahnung hatte, wann ich eintreffen würde, war die
Überraschung natürlich groß.

Manila

Die alte Stadt Manila, von hohen Festungswällen umgeben, hat viele schön erbaute Kirchen, Kasernen, ein Arsenal und Regierungsgebäude, von denen die meisten jedoch seit dem großen Erdbeben von 1863 noch in Trümmern liegen. Die Straßen sind schmal, mit zwei Stockwerk hohen altertümlichen Häusern, ohne Leben und Verkehr. Um die Außenwerke führt eine schöne Fahrstraße zur Bai, wo abends Konzerte abgehalten werden. In den großen, volkreichen Vorstädten außerhalb der Festung sind alle Geschäftshäuser der Fremden. Hier herrschte in einzelnen Straßen ein reges Gewühl.

Die Häuser sind vielfach unten massiv aus Lavasteinen erbaut, während die Etagen aus Holzwerk mit schweren Pfannendächern konstruiert sind. Fast jedes Haus hat eine Veranda, die Vorderseite besteht ganz aus Schiebefenstern; als Scheiben dienen flache durchschimmernde Muscheln. Die öffentlichen Anlagen sind in höchst trauriger echt spanischer Verfassung.

Vergebliche Reise und Umkehr
Da mein Bruder sich nicht auf längere Zeit freimachen konnte, für mich überdies wenig Aussicht vorhanden war, hier eine lohnende Beschäftigung zu beginnen, benutzte ich die am 27. Mai wieder von hier abgehende „Formosa", um mich nach Hongkong einzuschiffen, wo ich am 30. eintraf und mein Gepäck sofort an Bord des französischen Steamers „Peiho", der nach Marseille bestimmt war, bringen ließ.

Rückreise von Manila nach Marseille

Am 1. Juni verließ ich mit diesem der Messagerie maritime gehörenden Schiffe den Hafen von Hongkong. Nach einer raschen Fahrt erblickten wir am 3. Juni 7 Uhr abends viele Schiffe, Leuchttürme, bewaldete Inseln und festes Land, wo wir in einer Bucht vor Anker gingen. Den 4. Juni fuhren wir bei Tagesanbruch einen Fluss hinauf und erreichten mittags die Stadt Saigon. Der Anblick der meistens nur wenige Fuß entfernten Ufer war schrecklich eintönig.

Saigon

Die Stadt Saigon ist weit ausgelegt. Breite Straßen sind abgesteckt und mit hübschen Anlagen versehen. Außer einer dicht bebauten Straße mit Läden, Hotels, Geschäftshäusern liegen in den übrigen Straßen nur vereinzelte Wohnungen zwischen Feldern und Gestrüpp. Die Häuser der Fremden haben meistens niedliche Gärten an den Seiten. Auf einer größeren Lichtung liegen die Kasernen der französischen Truppen, nicht weit davon ein wundervolles Schloss, der Sitz des Gouverneurs. Die Bewohner der Stadt sind meistens Chinesen und Fremde. Außerhalb derselben haben Malaien und Cochinchinesen* ihre Wohnungen und Dorfschaften.

Nachdem die vorrätige Ladung an Reis und Zucker sowie mehrere fieberkranke Passagiere an Bord genommen waren, setzte der „Peiho" am 5. Juni die Reise fort. Am 7. nachmittags passierten wir mehrere Inseln und ankerten bei Dunkelwerden vor Singapur. Den 8. legten wir an der Landungsbrücke an, wo viele Eingeborene Früchte, Affen, Papageien, Korallen, Muscheln, Stöcke und hiesige Arbeiten feilboten.

Singapur

Die mexikanischen Silberdollars, welche in Japan und China gebräuchlich, sind hier nicht mehr gangbar und mussten gegen Rupies umgetauscht werden, wozu überall Wechsler umherlaufen. Mit einer Droschke fuhr ich nach der ca. eine Meile entfernten Stadt. Die Gegend ist bewaldet und mit vielen Landhäusern bebaut. Auf einem Hügel erblickte ich einen großen Kirchhof der Malaien oder Indier, wo große, mit Inschriften bedeckte flachliegende Steine die Lage der Toten anzeigten.

Die Geschäftsgegend der Stadt ist höchst unansehnlich; die Straßen sind unregelmäßig, bebaut mit einstöckigen altmodischen Gebäuden und unansehnlichen Läden, die Fußwege sind vielfach überdacht. Hinter dem eigentlichen Geschäftsviertel beginnen schmutzige Straßen der malaischen und chinesischen Handwerker und Arbeiter. Der am Meere gelegene botanische Garten ist wohl einer der schönsten seiner Art.

Am 10. Juni verließ der „Peiho" die Stadt und fuhr bis abends längs der Küste Sumatras. Bei schönem Wetter, jedoch hoher See, erreichten wir am 15. Juni die Südspitze Ceylons, Point de Galle, wobei die Stadt einen wundervollen Anblick bietet.

Ceylon

Links wird die halbrunde Bai von hohen, schwarzen Klippen und Felsen begrenzt, darüber sieht man die mit hohen Festungsmauern umgebene Stadt, neben welcher grüne Wiesen liegen, die von Kokospalmen umringt sind, im Hintergrunde ragen hohe Gebirge empor.

Sofort nach Ankunft kamen viele Indier vom Land, welche Edelsteine, Schildpatt, Sandelholzarbeiten und Früchte feilboten.

Am Lande wurden die Passagiere sofort von einer Menge Jungen umringt und fortwährend verfolgt, ihre Dienste als Wegweiser lärmend anbietend und Sachen angreifend. Die Stadt, von hohen mit Kanonen besetzten Wällen eingeschlossen, hat gerade Straßen mit armseligen Häusern und noch schlechteren Läden, der Verkehr ist ganz unbedeutend. Die Umgebung der Stadt ist reizend. Hat man die die ganze

Stadt umgebenden Wiesen passiert, betritt man dichten Wald, durch welchen schmale Wege führen, wo Hütten und Steinhäuser der Eingeborenen malerische Straßen bilden. Der etwas entfernte botanische Garten war verkommen und bildete ein Dickicht.

Die Bevölkerung besteht aus Indiern und vielen persischen Händlern. Die Männer sind fast alle schön gewachsen. Die Frauen sind durchgehend klein, hässlich und stets weiß gekleidet.

Den 17. nahm ich einen Wagen, um eine Tour ins Innere zu machen. Abends verließen wir bei Sonnenuntergang die Reede. Am 23. nahm unser Schiff Kurs zwischen der Insel Socotra und dem Festlande von Afrika, statt nördlich um die Insel zu fahren. Am 27. Juni erblickten wir felsige, kahle Ufer und ließen morgens gegen 7 Uhr die Anker in der Nähe Adens fallen, um 8 Uhr wurde das Signal gesetzt und die Fahrt einige Meilen am Ufer fortgesetzt, bis wir vor einem großen Kastenmagazin festlegten.

Aden

Von einer Stadt konnten wir nichts erblicken. Sofort wurde der Steamer von einer Menge kleiner, kaum sechs Fuß langer Kanus umringt, in welchen Kinder und erwachsene Neger schreiend und lärmend ins Meer geworfene Münzen durch Tauchen wieder heraufholten. Nach dem Frühstück fuhr ich an Land. Mit einer droschkenähnlichen Kutsche fuhr ich nach der ca. vier Meilen entfernten Stadt Aden.

Das schmale flache Ufer war nur mit gelbem dornigen Gesträpp bewachsen und bot einen trostlosen Anblick. Einige Abwechslung brachten nur die vielen arabischen Frauen und Mädchen und die langen Züge magerer, geschundener, entsetzlich schreiender Kamele, welche Waren transportierten. Nach Ersteigung einer ziemlichen Höhe erblickte man die am Wasser liegende Stadt Aden.

Auch hier wurden alle Fremden wie in Galle von Händlern umringt. Die Stadt bietet so wenig Sehenswertes, dass es sich nicht lohnt, den weiten Weg hierher zu fahren.

Alle Häuser sind von Lehmsteinen erbaut, haben flache Dächer und nach den Straßen hin unregelmäßige Löcher. Die Fenster, durch runde, mit Verzierungen geschmückte Bögen gebildet, gehen stets nach dem im Inneren befindlichen Hofplatze; Scheiben scheinen unbekannt zu sein. Ein Markt oder Basar besteht aus einem viereckigen Hofplatz, wo Früchte, stinkendes Fleisch, Fische und Decken die Hauptverkaufsgegenstände waren. In einigen Straßen waren Haus an Haus Kaffeehallen mit weiblicher Bedienung. Sowie man solche Straße betritt, stürzen eine Menge schmutzige, halb nackte, ärmliche indische und schwarze Mädchen hervor und laden zum Kaffeetrinken ein.

Abends fuhr ich zurück. Den 28. Juni passierten wir die Einfahrt ins Rote Meer, Bab al Mandab, wo die Ufer an beiden Seiten zu erkennen waren. Bis zum 2. Juli, wo wir frühmorgens den Berg Sinai erblickten, haben wir bei einer furchtbar drückenden Hitze nur fliegende Fische, Quallen, Heuschreckenschwärme und ab und zu weit entferntes Land gesehen.

Durch den Suezkanal

Am 3. Juli warfen wir frühmorgens vor der Stadt Suez die Anker. Von der Stadt konnte man nur kleine Häuser, Arbeiterkasernen, Maschinenschuppen und die nach Kairo führende Bahn erkennen. Gegen 8 Uhr durften die für hier bestimmten Deckspassagiere das Schiff verlassen und der „Peiho" in den Kanal einlaufen.

Dieser ist ca. 150 Fuß breit, hat nahe der Mündung an beiden Seiten große, eingedeichte Bassins für Fahrzeuge. Das Land hinter den durch die Aushebungen geschaffenen Dämmen bildet eine ebene Sandwüste mit nur spärlichem, vertrocknetem Gestrüpp. Um 11 Uhr erreichten wir einen fast unübersehbaren See. Am linken Ufer lagen hin und wieder einige Wohnungen. Gegen 12 Uhr passierten wir die Stadt Ismael. Alle 100 Meter befinden sich Pfähle mit Angabe der Entfernung und, in bestimmten größeren Abständen, mit Vorkehrungen zum Anbinden der Fahrzeuge, sogenannte Halteplätze, wo die sich begegnenden Schiffe einander ausweichen können und wo unser Schiff um 6 Uhr abends festlegte, da nur von 6 bis 6 Uhr gefahren werden darf. Den 4. Juli erreichten wir gegen 9 Uhr den Ausgangspunkt am Mittelländischen Meere, Port Said. Eine drückende Hitze, Milliarden alles bedeckende Fliegen und eine höchst monotone Gegend machen diese Durchfahrt zu einer entsetzlich langweiligen Tour.

Port Said

Die ziemlich bedeutende Stadt Port Said macht mit den vielen Konsulatsflaggen, vielen Kohlen einnehmenden Dampfschiffen und den Hunderten von Schiffen einen freundlichen Anblick. Nahe am Strande befinden sich die Häuser der Fremden, Comptoire und Lagerhäuser. Um den nahen Markt mit einigen sonst fehlenden Anpflanzungen liegen mehrere hübsche Hotels, schöne Privatgebäude und Läden. Weiter vom Kanal entfernt liegen die Wohnungen der Arbeiter, Araber und Fellahs, in denen scheußlicher Schmutz zu herrschen scheint. Wirtschaften, die vielen Cafés, Musikhallen sowie die meisten Detailgeschäfte sind in den Händen von Griechen, Österreichern und Franzosen. Die Straßen sind ungepflastert und mit losem Sande bedeckt. Am anderen Ufer liegen große Schuppen und eine Unmasse Baggermaschinen sowie andere für den Bau und zu seiner Reparatur gebrauchte Utensilien. Am Ende des Kanals steht ein Leuchtturm, wo ein mehrere Tausend Fuß langer, ins Meer aufgeworfener Damm beginnt, um die Brandung und Versandung abzuhalten. Das Wasser im Kanal ist sehr bitter und salzhaltig, es ließ sich prachtvoll darin schwimmen. Sehr viele Delfine tauchten beständig im Wasser nahe der Stadt auf.

Durch das Mittelmeer
Abends 7 Uhr hatte der „Peiho" die nötigen Kohlen eingenommen und fuhr ins Mittelländische Meer hinein. Am 6. Juli konnten wir den ganzen Tag die schneebedeckten Berge der Insel Kreta in weiter Ferne erblicken, am 8. bekamen wir die Küste Italiens in Sicht. Vor uns lag der gewaltige Ätna mit den verschiedenen Gebirgszügen der Ostküste Siziliens in wundervoller Beleuchtung. Gegen 10 Uhr passierte der Steamer die nur schmale Durchfahrt zwischen Sizilien und dem Festlande Italien, wo die herrlich gelegenen Städte Messina und Reggio sich gegenüberliegen. Wegen der Untiefen und vielen Riffe machte das Schiff häufig Wendungen, wobei wir die mit Weinbergen, Orangenwäldern und Wohnungen bedeckten Ufer oft in nächster Nähe vor uns zu Gesicht bekamen.

Am Nachmittag fuhren wir längs der Nordküste Siziliens, wo sich uns das Glück bot, den auf einer Insel liegenden Vulkan Stromboli, mächtige Rauchwolken ausstoßend, aus nächster Nähe betrachten zu können.

Den 11. Juli morgens 10 Uhr erreichten wir Marseille. Nach Besichtigung der Gesundheitsbehörde konnten wir Passagiere an Land gehen. Beim Überprüfen des Gepäckes im Zollhause gebrauchte ich die uns vom Steward angeratene Weise, um das Durchwühlen der Koffer zu verhindern. Man legt nämlich in den Koffer, oben auf die Sachen, ein Fünf- bis Zehn-Franc-Stück offen hin, d. h. ehe die Gepäckstücke vom Steamer nach zum Zollamt geschafft werden. Nimmt der Beamte das Geldstück fort, ist man sicher, sofort spediert zu werden, wie es bei mir der Fall war.

Mit der Eisenbahn von Marseille nach Hamburg

Am Nachmittag und Abend besichtigte ich die Stadt und ihre Umgebung, bemerkte jedoch hier einen furchtbaren Hass gegen die Deutschen, vom letzten Kriege herrührend. Den 12. Juli fuhr ich mit der Bahn über Arles, Tarascon, Avignon, Lyon, Dijon, Belfort nach Straßburg. Bis Lyon führt die Bahn stets längs der Rhone. Nach Aufenthalt und Zollkontrolle in Danemarie kamen wir erst spätabends am 13. in Straßburg an, welches noch viele Spuren des Krieges aufzuweisen hatte. Am 14. Juli fuhren wir weiter nach Heidelberg, am 15. nach Frankfurt, am 16. nach Kassel und 17. nach Hannover, wo ich abends das hier stattfindende Schützenfest mitmachte.

Den 18. Juli fuhr ich mit dem 10-Uhr-Zuge via Hohnstorf nach Hamburg und hatte somit meine Reise um die Erde beendet. Zur größten Freude traf ich meine Mutter und die übrige Familie bei bestem Wohlsein an.

Ein Sommer in Deutschland

Den Sommer verbrachte ich mit Reisen in Deutschland und längerem Aufenthalte in Thüringen. Nach einem sehr vergnügungsreichen Winter im Familienkreise konnte ich beim Beginn des Frühjahres endlich daran denken, wieder tätig zu werden.

Da die politischen und finanziellen Verhältnisse in Deutschland mir wenig behagten, beschloss ich wieder nach Bolivien zurückzukehren und verließ am 8. April 1873 mit dem Hamburg-Steamer „Argentina" die Stadt Hamburg.

Zweiter Aufenthalt in Südamerika von 1873 bis 1876

Mittags 1 Uhr verließ die „Argentina" den Hafen. Nach einer höchst unfreundlichen Fahrt bei kaltem Wetter und hohem Seegange liefen wir am 15. April in den Tejo und ankerten bis zum 18. vor der prächtigen Stadt Lissabon. Das nördliche Flussufer mit hohen Bergen, Waldungen, altertümlichen Schlössern, Türmen und vielen Windmühlen bietet abends, wie die große Stadt, die über mehrere Hügel ausgebreitet ist, einen herrlichen Anblick.

In zwölf Tagen über den Atlantik – 30 Tage von Pernambuco bis Buenos Aires

Am 1. Mai passierten wir die Stadt Pernambuco und ankerten am 3. Mai abends vor Bahia. Die hohen zerklüfteten Ufer waren mit der üppigsten Vegetation bedeckt, aus welcher schöne Landhäuser hervorblickten. Geschäftshäuser, Marktplätze, viele enge Straßen, regen Verkehr trifft man im alten Viertel, wo fast ein Drittel der Bevölkerung aus Negern besteht. Gelbes Fieber soll hier jeden Sommer viele Menschen hinwegraffen.

Verzeichniss

der Personen, welche mit dem Dampf-{Segel-} Schiffe „Argentina"

unter _deutscher_ Flagge, Capitain _Aulin_ nach _Bahia, Rio de Janeiro ..._

zur Auswanderung durch Unterzeichnete engagirt sind.

Abgang des Schiffes, d. 7. April 1873.

Die zu einer Familie gehörenden Personen sind unter einander zu notiren und durch eine Klammer als zusammengehörig zu bezeichnen. Zuname. — Vornamen.	Geschlecht		Alter.	Bisheriger Wohnort.	Im Staate oder in der Provinz.	Bisheriger Stand oder Beruf.	Ziel der Auswanderung, Ort und Land bei ausgegeben.	Zahl der Personen.	Davon sind Erwachsene und Kinder über 10 Jahr.	Kinder unter 10 Jahr.	unter 1 Jahr.

Passagierliste der „Argentina", 7. April 1873

Vor Rio de Janeiro

Am 9. Mai erblickten wir abends die hohen, kegelförmigen Berge von Rio de Janeiro. Da es dunkelte und sehr ruhige See war, ging das Schiff an der Küste vor Anker und fuhr erst am anderen Morgen in die weite Bai. Die am südlichen Ufer befindliche Stadt macht vom Schiffe aus gesehen und auch beim Betreten einen unfreundlichen Eindruck. Der neue Stadtteil mit seinen wunderbar schönen Parks bietet jedoch viel Sehenswertes.

Ich unternahm eine Pferdebahnfahrt durch Botofoga zum botanischen Garten, bestieg sehr mühsam den neben der Stadt liegenden Corcovado, von dessen Gipfel man ein Panorama genießt, wie es wohl kaum ein zweites auf Erden gibt. Leider herrschte auch hier heftig das gelbe Fieber, sodass Fremde sich hüten mussten, des Nachts an Land zu bleiben.

Gelbfieber an Bord

Bei der Abfahrt am 13. Mai erkrankte einer der Zwischendeckspassagiere am Fieber und starb, als das Schiff am 15. in Santos einlief. Außer der Furcht, dass die Krankheit sich an Bord verbreiten könne, stand uns das Unangenehme einer längeren Quarantäne in Buenos Aires in Aussicht. Santos, mit breiten öden Straßen und oft portugiesisch gebauten Häusern, liegt mehrere Meilen vom Strande entfernt. Auch hier herrscht heftig das gelbe Fieber.

Am 17. Mai verließen wir dieses Fieberloch, passierten am 21. Montevideo und warfen abends in weiter Ferne von Buenos Aires die Anker. Nachdem sich am 22. Mai die Gesundheitsbehörde eingefunden hatte, wurde uns die Mitteilung überbracht, dass wir vor Cusenada eine achttägige Quarantäne abzusitzen hätten.

Quarantäne

Den 23. kam ein Segelboot längsseits des Steamers, nahm Gepäck und die 30 Passagiere über und segelte zur Mündung eines kleinen Flusses, wo ein großes ausrangiertes Schiff uns als Aufenthalt angewiesen wurde.

Der Kommandant des Schiffes erklärte uns, er könne uns vorläufig nur Suppe und Fleisch geben. Die acht hier verlebten Tage verliefen rascher und besser, als befürchtet worden war. Nach langer Nachtruhe wurde der Tag mit Schießen auf Möwen und Nutrias* sowie mit Spiel und Gesang hingebracht. Mit echt argentinischer Rücksichtslosigkeit gegen die Fremden wurde am 30. Mai das Gepäck zum schlammigen Ufer geschafft, wo es uns, nachdem es von Zollbeamten durchsucht worden war, zur Verfügung stand.

Auf dem Landweg nach Buenos Aires

In dem drei Viertel Stunden entfernten Orte Cusenada mussten wir Wagen mieten und unser Gepäck nach dem daselbst befindlichen Bahnhof schaffen lassen. Im Dunkeln legten wir die mehrstündige Eisenbahnfahrt nach Buenos Aires zurück, wo ich im Hotel Du Havre Logis nahm.

Reise per Bahn und Schiff nach Cordoba zu Freund Meyer

Den 3. Juni fuhr ich vom Zentralbahnhof nach Tigre. Die Gegend hat sich seit 1869 bedeutend entwickelt, und auch mehrere neue Ortschaften sind entstanden. In der Station Tigre bestieg ich den Dampfer „Lujan", fuhr den schmalen gleichnamigen Fluss bis zum Paraná hinauf und machte dann dieselbe Fahrt wie 1869 nach Rosario.

Bahnreise mit dem Ferro Carril Central Richtung Cordoba

Beim deutschen Konsul erfuhr ich hier die Adresse Meyers. Den 5. Juni nahm ich ein Billet der Ferro Carril Central

Klöpfers Wohnung in Rosario, Argentinien

Argentino und fuhr nach Canada de Gomez, wo ich gegen
9 Uhr morgens eintraf und Freund Meyer am Bahnhof
antraf. Da er einen Wagen bei sich hatte, luden wir mein
Gepäck sofort auf und fuhren nach seiner eine Legua entfernten Wohnung.

Deutsche als Farmer in Santa Fé
Meyer hatte in der Nähe Cordobas ein kleines Gut gepachtet und sich mit der hier geborenen Tochter eines Deutschen
verheiratet. Nachdem er eingesehen hatte, dass Ackerbau in
Cordoba nicht lohne, zog er nach Santa Fé und übernahm
hier die Estancia Schöneberg als Verwalter. Der Eigentümer
Krell, ein Mecklenburger, hatte früher hier mit seiner Familie gewohnt; alles war sehr hübsch eingerichtet, das kleine
freundliche Wohnhaus war mit großen Obst-, Blumen- und
Gemüsegärten umgeben.
    Nach Abreise der Familie Krell hatte Meyer alles Über-
flüssige und Unnütze abgeschafft, pflanzte Weizen, Gerste,
Mais und betreibt etwas Vieh- und Schweinezucht. Krell

war vor wenigen Tagen allein von England zurückgekehrt. Als ich abends mit diesem mein Vorhaben, nach Bolivien zurückzureisen, besprach, riet er entschieden davon ab, weil augenblicklich ganz Bolivien in ununterbrochener Revolution sich befände und alle Geschäfte total niederlägen. Nach seiner Meinung hätte Argentinien und besonders Rosario eine große Zukunft zu erwarten; er erbot sich, mir vorläufig Stellung zu verschaffen.

Argentinien anstelle von Bolivien: Klöpfer lässt sich in Rosario nieder

Ich erkannte seinen Vorschlag als vernünftig an, gab meine sofortige Weiterreise auf und blieb vorderhand bei Meyer; fuhr jedoch häufig nach Rosario, wo Krell logierte. Ende des Monats hatte ich durch seine Vermittlung eine Stelle als Buchhalter im Hause Bernberg Heimendahl & Co erhalten und musste nun hierher ziehen, wo ich vorläufig eine Wohnung im Hotel Argentino bezog, bis mir eine Wohnung im Geschäftshause eingerichtet wurde.

Tätigkeit als Buchhalter im Hause Bernberg Heimendahl & Co in Rosario von Juli 1873 bis 1876

Den Monat Juni verlebte ich höchst angenehm in Canada de Gomez und Schöneberg.

Abends saßen wir bei der in dieser Jahreszeit herrschenden Kälte, wo das Thermometer oft 4° R unter Null zeigte, im geheizten Zimmer oder besuchten die Pulperia von Schnack & Heyland. Sonntags wurden in Gesellschaft weite Ausritte nach den umliegenden Gütern La Hansa von Tietjens und Germania von Nordeichholz gemacht, wo stets große Gastfreundschaft herrschte.

Jagd und Gewitter, Logis in der ehemaligen Leichenhalle
Morgens versorgte ich regelmäßig Meyers Küche mit Rebhühnern. Diese Vögel bewohnen zu Tausenden den baumlosen Camp* und sind fast keinen Schuss wert. Der 20. Juli
brachte hier nach langer Trockenheit ein furchtbares Gewitter, durch welches ich in der Nacht heftig erschreckt wurde.
Ich hatte meine Wohnung in einem im Garten isoliert stehenden Pavillon aufgeschlagen. Mitten in der Nacht erwachte
ich durch ein furchtbares Krachen. Mit dem Revolver in der
Hand saß ich im Bette, den Atem anhaltend und horchte. Als
alles ruhig blieb, zündete ich Licht an und sah, dass ein Teil
der vom Regen durchweichten Wand eingefallen war und
Waschtisch, Bücherbord und Flaschen zertrümmert hatte.

Etwas war mein heftiges Erschrecken durch die allabend-
liche Unterhaltung über hier sich häufende Überfälle und
Mordtaten von Indiern sowie durch das Bewusstsein, dass
das von mir bewohnte Gemach während der letzten
Choleraepedemie als Leichenhalle der 28 hier gänzlich ausgestorbenen Kolonistenfamilien gedient hatte, bestimmt.

Kaufmännische Arbeit im Comptoir und
gesellschaftliches Leben
Das Geschäftshaus, in welchem ich nun Stellung bekommen
hatte, besaß Zweighäuser in Montevideo, Buenos Aires und
Rosario, während das Haupthaus sich in Paris befand.
Außer dem sehr liebenswürdigen Gerenten* Schläpfer
waren noch drei Schweizer, ein Engländer und mehrere Hiesige angestellt; so unangenehm mir anfangs die monotone
Arbeit am Comptoir erschien, so rasch wurde ich daran
gewöhnt und blieb, da ich pekuniär sehr gut gestellt war, bis
zum Jahre 1876 hier.

Abenteuerliches Leben in Cordoba 1875

Im Mai 1875 nahm ich einige Monate Urlaub, teils zur Erholung nach einem gehabten leichten Choleraanfall, teils um einen hier kennengelernten Estanciero in seiner Besitzung Las Penas in der Sierra von Cordoba zu besuchen. Mit diesem sowie mit der Familie seines Partners Roosen verbrachte ich mit Jagd auf Kondore*, Guanacos und Eulen sowie mit Ausflügen und Fotografieren mehrere angenehme Monate.

Mord und Totschlag

Im selben Jahre wurde einer der nächsten Nachbarn Meyers in Canada de Gomez mit seiner Tochter ermordet. Für gewöhnlich wurde solchen an Fremden begangenen Morden von der Polizei keine Aufmerksamkeit geschenkt. In diesem Falle war die ganze Kolonie so empört, dass Summen für die Ergreifung der Täter ausgesetzt wurden, wodurch ein Kommissar sich auch rasch die Belohnung sicherte. Einer der Mörder wurde beim Quartel* erschossen, indem er einfach vor einen Ombú* gestellt wurde. Unglücklicherweise gingen einige Kugeln vorbei und töteten einen der Zuschauer.

Polizisten als Gauner

Durch die vielen Revolutionen, den Zusammenfluss von Gesindel der schlimmsten Art, herrschte hier und in Buenos Aires schreckliche Unsicherheit; Beraubungen, Überfälle, Mordtaten und Diebstähle fielen täglich vor. Eines Abends, als ich ganz allein im Hause war, vernahm ich auf dem flachen Dache Schritte. Mit einem Revolver versehen, machte ich unseren Kettenhund los und erstieg geräuschlos die Azotea*, wo ich gegen den Horizont einen Menschen laufen und verschwinden sah. Nach längerem Suchen entdeckte ich ihn zwischen zwei Schornsteinen verborgen. Ich sprang auf ihn und setzte ihm den Lauf gegen den Kopf und zwang ihn, sich flach hinzulegen und die Arme auszustrecken. Nachdem ich sein Messer aus dem Gürtel gezogen hatte, schaffte ich ihn die Treppe hinunter, ließ ihn von unserem Hunde bewachen, bis ich einen Vigilanten* gerufen, der ihn zur Polizei brachte. Am anderen Morgen gingen wir hin, um zu hören, was es gewesen sei. Der Kommissar hatte ihn sofort entlassen, weil er nur unsere Mädchen hatte besuchen wollen, trotzdem kein weibliches Wesen im Hause wohnte. Jedenfalls war es ein Bekannter der Polizisten, die hier die schlimmsten Gauner sind.

Rosario

Die Stadt Rosario de Santa Fé am rechten Ufer des vielverzweigten Flusses Paraná, dessen Arm vor der Stadt ca. zwei englische Meilen breit und noch für die größten Seeschiffe tief genug ist, bietet wenig Schönes und Sehenswertes. Vom Flusse erblickt man kleine elende Buden und Hütten und einige sich am Abhange der sogenannten Barrancas hinziehende Straßen. Auf dem 100 bis 150 Fuß hohen, meistens senkrecht abfallenden Ufer liegt die Stadt. Alle Straßen sind gerade, sich rechtwinklig schneidend angelegt und mit meistens einstöckigen unansehnlichen Häusern bebaut.

Für Vergnügungen bietet Rosario wenig. Von den 23 000 Einwohnern sind die meisten Ausländer, unter denen Basken und Italiener am stärksten vertreten sind. In den letzten Jahren sind die viele Meilen großen Inseln des Paranás eine schlimme Brutstätte für die Heuschrecken gewesen. Zur Zeit wo die junge Brut flügge wurde, sah man tagelang die Heuschrecken in die Sonne verdunkelnden Schwärmen über den Fluss fliegen, alle Vegetation vernichtend. Seit drei Jahren ist keine Ernte, mit Ausnahme von Weizen, gerettet worden. Der Weizen ist nämlich zur Zeit, in der die Heuschrecken erscheinen, schon so hart im Halme, dass die Tiere der Pflanze nicht mehr schaden können. Hühner, welche Heuschrecken fraßen, legten Eier mit blutroten Dottern.

Zweite Reise nach Manila und um die Welt von 1876 bis 1877

März 1876 erhielt ich von meinem Bruder die Anzeige, dass er sich in Manila etabliert hätte und dass es ihm lieb wäre, wenn ich mit meinem Gelde zu ihm käme, da Aussicht vorhanden sei, gute Geschäfte zu machen. Die schlechte Geschäftslage in Rosario, Missernten und Revolutionen veranlassten mich, nach Rücksprache mit meinem Chef, sein Anerbieten anzunehmen und am 5. Mai 1876 Rosario zu verlassen. In Buenos Aires nahm ich ein Billet für den französischen Steamer „Equateur" und verließ Argentinien am 10. Mai.

Besuch im heimatlichen Hamburg

Am 15. liefen wir in Rio de Janeiro ein und am 28. ankerten wir vor Dakar in Afrika, durften der Quarantäne halber jedoch nicht an Land. In Lissabon, welches wir am 3. Juni erreichten, war das Landen gleichfalls verboten, da wir Rio de Janeiro berührt hatten. Den 6. Juni liefen wir in die Gironde* ein und mussten nachts um 2 Uhr das Schiff verlassen und einen kleinen Steamer besteigen, welcher uns in die Quarantänestation brachte. Nach nur zweistündigem Aufenthalt in dem Gebäude wurde uns, da kein Erkran-

kungsfall während der Reise vorgekommen war, Erlaubnis
erteilt weiterzufahren.

Mit dem Flussdampfer nach Bordeaux, französische
Schiffe mit guter Küche
Mit Tagesanbruch bestiegen wir wieder den kleinen Steamer
und dampften die Gironde hinauf.

Vier Meilen von der Mündung entfernt vereinigen sich
die Flüsse Garonne und Dordogne und bilden so die Gironde. Nach einer prächtigen Fahrt auf der schönen Garonne
erreichten wir mittags Bordeaux. Die Passage mit dem
gleichfalls der Messagerie maritime gehörenden Steamer
„Equateur" war in jeder Weise angenehm und die deutschen
und englischen Schiffe können sich, was Höflichkeit und
Liebenswürdigkeit der Angestellten anbetrifft, schwerlich
mit den französischen vergleichen. Für Leute, welche lange
in südamerikanischen Plätzen gelebt haben, ist die französische Küche auch angenehmer. Nach oberflächlicher Besichtigung der Stadt fuhr ich am 8. Juni morgens 7 Uhr bei heftigem Regen nach Paris.

In Paris
Die Fahrt über Angoulême, Poitiers, Tours, Blois führte
anfangs durch schöne, romantische Gegenden, wurde
jedoch bei Orléans höchst uninteressant und erst in der
Nähe von Paris wieder lohnender. Abends 6 Uhr stieg ich im
Hotel Violet ab. Während meines Aufenthaltes hier herrschte das schlechteste Wetter, und ich war stark erkältet.

Das Leben in den Hauptstraßen, die öffentlichen Bauten
und Anlagen sind großartig und die Umgebung schön. Um
jedoch alles ordentlich zu besichtigen, ist ein längerer Aufenthalt hier nötig. Am 11. Juni abends 8 Uhr verließ ich
Paris, erreichte 8.30 Uhr morgens Köln, 2 Uhr Osnabrück
und war am 12. abends 7 Uhr in Hamburg.

In der Heimat

Nach fast viermonatigem Aufenthalte in Hamburg, Berlin
und Pyrmont, wo ich die Familie des in San Carlos kennengelernten Uslar besuchte, dieselbe durch Nachrichten von
dem seit 15 Jahren für sie verschollenen Bruder sehr erfreu-
te, hatte ich im Oktober meine Angelegenheiten geordnet
und fuhr am 4. dieses Monats mit dem Hamburg-Steamer
„Galathea" nach Singapur.

Aufbruch nach Manila

Außer einer Negergesellschaft auf dem Deck befanden sich
nur acht Personen in der Kajüte, sieben Herren und eine
Dame. Mit Ausnahme eines heftigen Sturmes im Biskaischen
Meerbusen vom 9. bis 12. Oktober erreichten wir ohne Zwi-
schenfall am 23. Oktober Port Said. Mehrere Tage war das
Deck unseres Schiffes voll erschöpfter Vögel, unter ihnen
Lerchen, Bachstelzen, Rotkehlchen und Schwalben. Ebenfalls erblickten wir große Züge Störche dicht über dem Wasser nach Süden fliegend.

Durch den Suezkanal

Am 24. Oktober dampften wir bei Tagesanbruch in den
Kanal und trieben uns bis zum 26. mittags in dieser langweiligen Durchfahrt umher. Ein großes, schlecht steuerndes
englisches Schiff fuhr vor uns und lief alle Augenblicke auf,
worauf unser Schiff sofort mit Tauen festgelegt wurde,
damit es sich nicht drehe. Stundenlang lagen wir so still, wo
dann sämtliche Passagiere an Land gingen, um die hier leben
sollenden Schakale zu schießen; Staub, loser Sand und
Morast sowie die Abwesenheit jeglicher Tiere brachte alle
rasch wieder an Bord, wo wir doch unsere Bequemlichkeit
hatten.

Durch das Rote Meer

Im Roten Meere, welches wir den 26. Oktober erreichten, war das Wetter prächtig. Wir sahen vielfach Land oder Inseln sowie viele Dampf- und Segelschiffe. Am 31. Oktober erblickten wir Bab al Mandab.

Penang

Den 14. November fuhren wir längs der Küste Sumatras. Den 15. hatten wir die Insel Penang vor uns; eigentümliche Boote mit roten Segeln befuhren hier die Küsten. Eines derselben brachte uns einen wie die Perser gekleideten Lotsen. Überall waren die Ufer mit sich weit ins Meer erstreckenden heckenartigen Geflechten bedeckt, welche den Eingeborenen zum Fischfang dienen. Um 8 Uhr morgens warf unser Schiff vor der echt tropisch aussehenden Stadt Penang Anker, nachdem 4400 Miles*, ohne anzuhalten, zurückgelegt waren. Dicht neben unserem Steamer lagen mehrere holländische Kriegsdampfer, vollgepfropft mit Soldaten aus aller Herren Länder, von welchen wohl die wenigsten die Heimat wiedersehen werden, da außer den blutigen Gefechten gegen die tapferen Malaien ein höchst mörderisches Klima die meisten hinwegrafft.

Ausflug in die Berge von Sumatra

Am 16. holte ich unsere mitreisende Dame von Bord und fuhr mit ihr nach dem in den Bergen befindlichen berühmten Wasserfall.

Außerhalb der von Europäern, Malaien und Chinesen bewohnten Stadt erstrecken sich anfangs breite Straßen mit Hütten der kleineren Geschäftsleute, dann mit prächtigen Gärten umgebene Landhäuser der Fremden. Überall wachsen Muskatbäume, Brotfruchtbäume, schöne Palmen und blühende Gesträuche. Bei einer im Bau befindlichen Brücke mussten wir unseren Wagen verlassen und längs eines rauschenden Baches durch dichten Wald einen ziemlich steilen Berg erklettern.

Nahe einer Kapelle der Indier mit einigen buddhistischen Götterbildsäulen war das Wasser durch Felsen aufgestaut und stürzte sich in ein tief liegendes Tal. Bei der geringen Wassermenge und der beschränkten Aussicht lohnt es sich kaum, diesen beschwerlichen Weg bei einer furchtbaren Hitze zu unternehmen.

Weiterreise nach Singapur im tropischen Gewitter
Nachmittags setzte unser Schiff die Reise fort; schon abends setzten heftige Gewitter ein, welche während der Nacht furchtbare Wassermengen auf das Schiff ergossen und selbst unsere Kajüte total durchnässten, da bei der drückenden Hitze alle Fenster geöffnet waren. Am 17. November musste das Schiff Nebels halber mehrere Stunden beilegen. Am folgenden Tag passierten wir mittags einen sehr schmalen Kanal mit großen Dörfern und Werften und schönen Landhäusern, erreichten um 2.30 Uhr offenes Wasser und hatten nun die Stadt Singapur vor uns.

Auf Tigerjagd in Singapur
Zufolge erhaltenen Briefes von meinem Bruder fuhr ich nach der Wohnung eines Geschäftsfreundes und, da diese bereits geschlossen war, nach dessen Privatwohnung, wo mir die freundlichste Aufnahme zuteil wurde und ich bis zum 28. November blieb. Am 26. hatte ich das Vergnügen, mit mehreren Deutschen, Holländern und Engländern eine größere Jagdpartie zu unternehmen; es sollen hier wilde Schweine, Hirsche und häufig Tiger vorkommen; vor 15 bis 20 Jahren waren hier Tiger die größte Landplage, ich sah in der Nähe der im Walde liegenden Dörfer noch mehrfach tiefe Gruben, welche, früher überdeckt, zum Fangen der Tiger dienten, jetzt aber eine große Gefahr für Fremde sind.

Emil Klöpfers Wohnung in Manila, 1877

Außer dem Besuch der Klubs und den Empfangsabenden bei den Fremden gibt es hier wenig Vergnügungen, und namentlich die Frauen der Fremden führen ein sehr einförmiges Leben. Einigen Ersatz für Vergnügungen bieten die wundervollen Gärten um die Landhäuser sowie die prachtvollen Wege in der Umgebung. Interessant sind die vielen hier in Singapur nebeneinander lebenden Völkerschaften wie Europäer, Indier, Perser, Malaien und Chinesen.

Ankunft in Manila

Nach äußerst angenehm verlebten Tagen ging ich am 28. November an Bord des kleinen spanischen Dampfers „Panay" und fuhr in achteinhalb Tagen längs der Küsten von Borneo, Palawang, Mindanao nach Manila, wo ich am 7. Dezember nachts eintraf. An der Küste von Palawang war einige Miles vom Lande das Meer vom Flusswasser eigentümlich gesandet und daselbst bedeckt mit treibenden Büschen, Stämmen, Früchten, zwischen denen karpfenähnliche große Goldfische

zu Tausenden schwammen. Kurz nach Mitternacht, als unser
Schiff vor Anker lag, kam mit dem Boote der Hafenbehörde
mein Bruder angefahren, um mich abzuholen. Handgepäck
sowie Waffen, deren Einfuhr verboten war, wurden von den
Beamten hinabgeschafft und uns sofort ins Haus geliefert.

Emil Klöpfer in Manila

Emils Wohnung befand sich vor der Capitania* und es ging
alles glatt ab, da er mit den Leuten befreundet war. Er hatte
sich vor einem Jahre in der Vorstadt Fernando als Shipehandler* etabliert, einen Deutschen als Partner genommen
und sich bereits durch glückliche Spekulationen einiges Vermögen erworben. Das Gebäude, wie fast alle in der Stadt,
war unten mit mächtigen Lavablöcken, oben der häufigen
Erdbeben wegen aus Fachwerk erbaut.

Manila – Land und Leute 1876

Wie ich schon 1872 geschildert hatte, liegen auch jetzt noch
die Hauptgebäude der Stadt Manila von dem letzten Erdbeben herrührend in Ruinen. Das ganze Leben und Treiben hat
sich in die Vorstädte verlagert. In diesen Vorstädten sind die
meisten Gebäude massiv erbaut und machen erst in weiterer
Entfernung den leichteren mit Stroh gedeckten Holzhäusern
Platz. Gärten sowie Plätze lassen den städtischen Eindruck
mehr und mehr verschwinden, bis schließlich der Bezirk der
Eingeborenen beginnt, wo nur Schilfhäuser existieren.

Als besondere Sehenswürdigkeiten gelten hier die beiden
erst kürzlich wiederhergestellten Brücken, ein beständig
geschlossenes Theater, Gebäude für Hahnenkämpfe, ein
malaisches Theater und mehrere Hanf- und Tabakfabriken.
In Letzteren sind viele Tausend Mädchen und Frauen mit
Zigarren- und Zigarettenfabrikation beschäftigt.

Hinterland von Manila

Die Stadt mit ihren Vorstädten soll ca. 300 000 Bewohner enthalten. Das von den zwei bis fünf Meilen entfernten Bergen und der im Inneren befindlichen Lagune begrenzte Tal besteht aus fruchtbarem Boden, auf dem viel Reis, Tabak und Bananen angebaut wird.

Ungemein lebhaft ist der Verkehr auf dem Flusse Pasig. Viele Baneas*, Kanus, kleinere Seeschiffe, Küstendampfer laden und löschen an den Ufern.

Die Eingeborenen von Manila

Die Eingeborenen sind meistens von kleiner Statur, dunkler Hautfarbe mit schlichten schwarzen Haaren und höchst spärlichem Bartwuchs. Nach europäischem Geschmack sind die Leute alle hässlich mit vorstehenden Backenknochen. Die Männer tragen baumwollene Beinkleider, ein lose überhängendes Hemd und die verschiedenartigsten Hüte. Frauen und Mädchen haben enge grellfarbige Röcke, ein um die Hüften geschlagenes Tuch und auf dem bloßen Oberkörper eine kurze Jacke; die Brust und der Hals sind durch ein gestreiftes Tuch bedeckt. Die Haare sind glatt nach hinten gekämmt, aufgedreht und mit Nadeln festgesteckt.

Die besseren Stände der Hiesigen tragen buntfarbige seidene Röcke mit Schleppen. Feine durchsichtige Jacken aus Pina*, einem Stoffe, oft so fein wie Spinnengewebe, bedeckt den Oberkörper; um Hals und Brust tragen sie ebenfalls ein dichtes gestreiftes Tuch.

Malaien, Chinesen und Spanier in Manila

Die Malaien, von der hier hausenden ungeheuren Anzahl Pfaffen gänzlich verdummt, sind harmlose gutmütige Menschen, stets vergnügt und äußerst genügsam. Den wunderbarsten Kontrast mit den trägen bigotten Spaniern und Malaien bilden die ca. 40 000 hier lebenden Chinesen; diese fleißigen, von früh bis spät arbeitenden, wenig Feiertage kennenden Leute haben sich vielfach emporgearbeitet und großes Vermögen erworben und genießen selbst bei den Fremden Achtung und Kredit. Frauen dieser Rasse sind wenige hier. Von Spaniern soll es an Beamten und Militär ca. 9000 Mann hier geben, von denen, mit Ausnahme weniger gebildeter Familien, die meisten sich durch Unwissenheit und Trägheit kaum von den Malaien unterscheiden.

Erdbeben und Jahreszeiten auf Manila

Eine große Unannehmlichkeit für Manila sind die beständigen Erdbeben. Leichte Erschütterungen machen keinen größeren Eindruck wie anderswo Gewitter. Treten heftigere Schwankungen auf, stürzt alles ins Freie und wartet den weiteren Verlauf ab. Die Temperatur auf Luzon ist wohl eine der heißesten. Von Dezember bis Juni ist die trockene Jahreszeit mit nur wenigen Regentagen. Für die Eingeborenen ist diese trockene Jahreszeit besonders durch die vielen Feuersbrünste gefährlich; im Februar, April und Mai erlebte ich drei gewaltige Brände. Die Löschanstalten sind nur höchst mangelhaft ausgerüstet und im Besitz von Privatleuten.

Die Fremden auf Manila

Die Fremden, mit Ausnahme der Spanier, welche schwarze Anzüge als billigste Tracht gebrauchen, gehen stets weiß gekleidet. Außer den sehr belästigenden Moskitos, gegen welche jedes Bett mit einem Mosquitera* versehen ist, beherbergen die Häuser viele Wanzen, fliegende Feuerwürmer, Tausendfüßer, große Spinnen und Eidechsen.

Erkundung der Insel Luzon

Mittelst eines der großen flachgebauten Rettungsboote des Steamers unternahmen wir mit mehreren Bekannten eine Fahrt zur Lagune. Die vier Leguas lange Strecke von der Mündung des Flusses bis an die Stelle, wo derselbe aus dem großen Binnenufer tritt, ließen wir uns durch Eingeborene rudern. Anfangs waren die Ufer mit Landhäusern der fremden Kaufleute und Beamten, von Gärten umgeben, bedeckt; dann kamen sich lang hinziehende Dörfer der Malaien mit ihren von Bambus und Bananen halb versteckten, auf Pfählen erbauten Strohhäusern. Wald, Felder mit Reis, Tabak, Bananen und Weideland wechseln ununterbrochen ab. Vor allen Häusern lagen die mächtigen, aus einem Stamm gearbeiteten Kanus mit einem verbreiternden Aufbau und einem deckelartigen Strohdach. Frauen und Kinder badeten überall, beim Vorbeifahren unseres Bootes züchtig bis zum Kopfe untertauchend.

Die Lagune
Bei Tagesanbruch erreichten wir die Lagune, spannten die Segel auf und fuhren bei günstigem Winde längs der Westküste des ca. 15 Leguas langen Sees. Mittags erreichten wir den südlichen Punkt der Lagune, stiegen bei Los Banos aus und besahen die berühmten heißen Quellen. Die wasserreichsten sind mit steinernen Häusern überbaut, in denen Dampfbäder genommen werden können; gegen Rheumatismus und Syphilis sind diese Bäder besonders heilkräftig.

Küstenfahrt
Die Ufer sind gebirgig und dicht bewaldet. Von Los Banos wollten wir nach Santa Cruz segeln, um eine Partie zu den berühmten Wasserfällen von Majayiay zu machen. Der Wind wurde leider ungünstig und wir mussten uns damit

Tagalisches Wohnhaus in Morong, Luzon

begnügen, nur um die große Insel Talim zurückzufahren. Mittags des anderen Tages waren wir wieder in Manila. Interessant ist es, auf den vielen Flussarmen die große künstliche Entenzucht der Bewohner zu studieren. Vor den lang sich am Wasser hinziehenden Dörfern sind alle Ufer mit sauber gearbeiteten Bambusgehegen eingezäunt und in viele Abteilungen geteilt. In jeder hält man Hunderte von Enten jeglichen Alters voneinander getrennt.

Ausflug in das Landesinnere
Bei einer anderen Gelegenheit machte ich mit Bekannten einen Ausflug mit Boot und mit Caramatta, das sind zweirädrige leichte Kutschen, die von einem Pferde gezogen, kaum Platz für eine Person haben, durch das Gebirge. Als besondere Merkwürdigkeit trafen wir bei einem Bache auf eine vollständig halbkreisförmige Brücke mit über 100 Fuß Spannweite, ganz aus Bambusstäben errichtet. Die Gegend ist stellenweise bezaubernd schön; überall wurden wir von den Eingeborenen freundlich aufgenommen und namentlich

von den Pfaffen, für welche wir in jeder größeren Ortschaft Empfehlungsbriefe hatten, gut bewirtet.

Diese genießen bei der ihnen ergebenen dummen Bevölkerung große Verehrung und führen das bequemste Leben. Eigentümlich berührt es den Fremden hier im Inneren, bei den stets Tanz und Musik bietenden Leuten einen baile* mitzumachen. Da Handschuhe unbekannt sind und mit den bei der enormen Hitze stets schwitzenden Händen die oft sehr teuren, feinen, auf dem bloßen Oberkörper getragenen Pina-Jacken der Damen sofort verdorben sein würden, so legen die Herren die rechte Hand unter der Jacke auf den bloßen transpirierenden Körper der Dame.

Carabaos-Büffel

In einzelnen Gegenden trafen wir große Herden Carabaos*, die den Eingeborenen gegenüber gänzlich zahm und meistens von kleinen Kindern geritten und gehütet werden; gegen Europäer sind diese flachhörnigen Büffel jedoch stets böse und gefährlich.

Betelkauen

Eine in der ganzen Bevölkerung, Malaien sowohl wie Chinesen, verbreitete Mode ist das Betelkauen*. Kleine Scheibchen einer Palmnuss mit einem Stückchen Kalk werden in ein Blatt der Betelpflanze eingewickelt, wie ein Ring zusammengesteckt und gekaut. Der Speichel wird dadurch rot gefärbt und angenehm riechend. Reisende erzählen, dass es auf den südlichen Inseln Gebrauch sei, dass der Wirt dem Gaste den im Munde habenden Betel anbietet, wobei es als großer Verstoß gegen gute Lebensart angesehen wird, wenn diese Ehrenbezeugung nicht angenommen wird.

1877 Zerwürfnis mit dem Bruder nach einem halben Jahr

Leider stellte sich das Zusammenleben mit meinem Bruder
nicht so freundschaftlich dar, wie ich es nach seinen mir
gemachten Vorschlägen erwartet hatte. Eine ihn vor einiger
Zeit betroffene Krankheit muss ich als Entschuldigungs-
grund für sein alles weniger denn ehrenhaftes Entgegenkom-
men dienen lassen. Nach wiederholten Zerwürfnissen zog
ich es vor, wieder nach Südamerika zurückzukehren, freilich
nicht in besonders froher Stimmung, da ich seinetwegen
zwecklos Zeit und Geld verschwendet hatte.

Von Manila nach New York

Freitag, den 8. Juni 1877, verließ ich mit dem englischen
Steamer „Holyroad" Manila und erreichte am 11. Hongkong, wo ich im Hotel l'Univers logierte und bis zum 18.
bleiben musste.

Mit dem Räderdampfer nach San Francisco
Am 18. Juni 1877 trat ich mit dem Räderdampfer „Alaska"
die Rückreise nach San Francisco an. Mit demselben Schiffe war ich seinerzeit von Panama nach San Francisco gefahren. Nach einer ziemlich stürmischen Reise erreichten wir
am 25. Juni Yokohama, wo ich mit der mittlerweile fertig-
gestellten Bahn nach Yeddo fuhr und bis zum 27. alte
Bekanntschaften erneuerte; nachmittags den 28. setzten wir
die Reise fort und liefen am 17. Juli durch die Golden gate
in die Bai von San Francisco.

Ankunft in San Francisco
Den 17. Juli landete ich in San Francisco. Das Wetter war
prächtig, alle Gärten voller Blumen und die Stadt erschien
mir doppelt schön und prächtig nach der überstandenen

langweiligen Seereise, auf der wir beständig an der Kälte gelitten hatten. Die Stadt hatte sich seit 1872 beinahe um das Doppelte vergrößert, besonders sind die am anderen Ufer der Bai gelegenen Ortschaften Oakland und Alameda zu Vorstädten angewachsen.

Reise mit der Overlandbahn nach New York

Am 19. Juli fuhr ich mit der Overlandbahn nach New York. Das Billet, ein mehrere Fuß langer Streifen Papier mit unzähligen Namen von Stationen bedruckt, hat bei einer Fahrt von fünf bis sechs Tagen volle 30 Tage Gültigkeit; man darf auf jeder Station aussteigen und nach Belieben weiterfahren. Auffällig ist die gänzlich verschiedene Einrichtung und Beschaffenheit der hiesigen Bahnen im Vergleich mit denen in Deutschland. Während dort die Passagiere für das Wohlergehen der Bahnangestellten geschaffen zu sein scheinen, sich beständig bevormunden und bemuttern lassen müssen, sind hier die Reisenden vollkommen sich selbst überlassen und gezwungen, selbstständig zu sein.

Komfort in der Overlandbahn

Alle Wagen sind Längswagen, vorn und hinten mit Sparren, in der Mitte ein breiter Weg; die Sitze sind bequem und gut gepolstert; jeder Wagen ist mit Klosett, Waschzimmer und einem Behälter mit Eiswasser versehen. Da nur eine Klasse existiert, kann man während der Fahrt ungehindert vom ersten bis letzten Wagen promenieren. Handgepäck kann jeder, so viel er unterbringen kann, mit sich führen; für größeres Gepäck werden nummerierte Blechmarken erteilt; die Fracht wird meistens nach von dem Passagiere angegebenen Gewicht berechnet. Hinter jedem Zuge sind ein oder zwei Schlafwagen, für deren Benutzung extra bezahlt werden muss und zu denen die Passagiere der übrigen Waggons keinen Zutritt haben; ab- und aufgestiegen wird meistens wenn der Zug noch oder schon in Fahrt ist. Die Maschinen haben trichterförmige Schornsteine und vorn gewaltige Vorbaue, um Steine oder Hornvieh nötigenfalls von den Schienen zu werfen.

Von Oakland fuhr der Zug durch kultiviertes Land mit Landhäusern, Gärten, Eichenwäldern.

Sacramento, Colfax

Überall waren die Leute mit der Ernte beschäftigt. Viele freundliche Städtchen lagen längs der Bahn; meistens mit Zypressen, Trauerweiden, Obstbäumen und mit von lang herabhängenden Moospflanzen bedeckten Eichen umgeben. Bei Lathrop begann grünes Weideland, welches sich bis Sacramento hinzog; Sacramento ist die zweitgrößte Stadt Kaliforniens, 139 Miles von San Francisco entfernt, mit hübschen Gebäuden, Alleen, Gasbeleuchtung und ziemlichem Verkehr in den Straßen. Dampfschiffe fahren bis hier den Sacramento river herauf.

Um 3 Uhr nachmittags erreichten wir hügeliges mit Tannen und Eichen bewachsenes Land. Die Berge traten mehr und mehr zusammen und es ging durch Schluchten und Täler nach Colfax. Die Bewohner dieses Distriktes beschäftigen sich nur mit Goldwäscherei und Bergbau.

Goldwäscherei

Hinter Colfax wurde die Gegend wilder; ein hoher Berg wurde in Schneckenlinien umfahren und die Cap Horn genannte Höhe erreicht, wo der Zug an dem senkrecht 2500 Fuß abfallenden Abhang hinjagt; hier genießt man ein wundervolles Panorama in die Täler des American River. Durch dichte Tannenwälder gelangten wir spät abends nach Goldrun und Dutchflat, wo ganze Berge des Goldes halber durch Menschenhände weggespült werden. Aus großen, hoch in der Sierra Nevada liegenden Seen wird das Wasser in weiten eisernen Röhren meilenweit hergeleitet und gegen die mit Sand und Tonschichten angefüllten alten Flussbette geleitet. Das mit ungeheurer Kraft ausströmende Wasser spült die goldhaltige Erde hinweg; der gelöste Schlamm läuft durch lange Kästen, in denen sich der Goldstaub mit dem in Leisten und Vertiefungen befindlichen Quecksilber verbindet.

Den 20. Juli befand sich der Zug bei Tagesanbruch in öder Gegend. Um 5 Uhr fuhren wir in das neu angelegte Städtchen Elko ein.

Weideflächen um Elko

Indier, vor kurzem noch Herren der Gegend, liefen mit Weib und Kindern in den Straßen umher, bettelten und verkauften Steine und Handarbeiten. Vor und weit hinter Elko erstreckten sich weite Grasflächen, auf welchen einzelne Besitzer über 20 000 Stück Hornvieh halten.

Mit Revolvern auf Kaninchen

Den 21. Juli erblickte ich beim Erwachen eine stinkende salzbedeckte Schlammgegend und nahe Station Monument den berühmten Salzsee. In einer Station Promontory musste wegen Reparatur der Maschine gehalten werden; sämtliche Passagiere ergötzten sich damit, mit Revolvern auf die überall aufspringenden hasenartigen Kaninchen zu schießen.

Mormonen

Über Blue Creek führt die Bahn durch widerlich riechende Sümpfe, im Norden von hohen, oft schneebedeckten Bergen begrenzt nach Corinne, der ersten Mormonenstadt. Freundliche Steinhäuser, blühende Gärten, mit Hecken eingezäunte Felder und kleine Holzungen sind hier durch künstliche Bewässerung und fleißige Hände entstanden, wo vor wenigen Jahren alles Wüste war. Längs des kristallklaren Sees, mit der Aussicht auf die in allen Farben glänzenden Wah-

satch-Gebirge, durchfuhren wir die Mormonenplätze und
Brighton City Bonneville und erreichten 8 Uhr die Hauptstadt Ogdon. Im Wagen hatten wir 110° Fahrenheit*, und
es war trotz der frühen Morgenstunde kaum zum Aushalten.

Durch die Rocky Mountains
Der Zug fuhr durch bebaute Gegend, wilde Felsenschluch-
ten nach Green River. Sonntag, den 22. Juli, befanden wir
uns in einer bergigen kahlen Gegend nahe Rawlin. Während
der Nacht hatten wir den höchsten Punkt der Rocky Mountains überschritten und sämtliche Ohren in den Waggons
waren schon am Abend vorher gespitzt. In allen Stationen
herrschte große Aufregung wegen einer bevorstehenden
Erhebung gegen die chinesischen Arbeiter, welche alle Arbeiten bei der Bahn bei weit geringerem Lohne als die Hiesigen
verrichten.

Aufstand der chinesischen Bahnarbeiter
Über Perey, Wilcox, Wyoming ging es nach Laramie City
durch die Prärien, wo hohes Gras und wellenförmige Hügel
einen höchst monotonen Anblick gewähren. Der Schienen-
weg ist bei jeder Schwellung des Bodens tief eingeschnitten
und auf weiten Strecken von Snowsheds, eine Art hölzerner
Tunnel, umgeben, die jede Aussicht verhindern. In Laramie,
eine schon bedeutende Stadt mit mehreren Hotels, Bier-
schänken, Lagerhäusern und freundlichen Wohnungen, trafen wir die ganze Bevölkerung bewaffnet auf dem Bahnhof.
Gestern soll die Vertreibung der chinesischen Arbeiter von
San Francisco bis hier begonnen haben. Im Osten haben
ebenfalls Arbeiterkrawalle stattgefunden und überall soll
große Aufregung herrschen.

Von den Jagdgründen der Cheyenne zu den Ufern des Missouri

Von Laramie fuhren wir nach Cheyenne durch hügeliges Weideland mit seltsam geformten Bergzügen aus rotem Sandstein. Nachmittags durchfuhren wir die durch die Cooperschen* Geschichten berühmten Jagdgründe der Siona- und Cheyenne-Indianer und eine Gegend mit Millionen kleiner Hügel, die von den Präriehunden aufgeworfen sind.

Montag, 23. Juli, dem vierten Tage im Zuge, erwachte ich vor Plum Creek. Bei Gibbon erhielt die Gegend ein ganz verändertes Aussehen, überall lagen Landgüter und Gehöfte zwischen hohen Laubbäumen, Obstgärten und mit Mais, Getreide und Gemüse bebauten Feldern. Das so lange entbehrte frische Grün machte einen wohltuenden Eindruck auf die vom Staub und den vielen kahlen Gegenden angegriffenen Augen. Durch hübsches Land mit vielen Ortschaften erreichten wir um 3 Uhr Omaha am Ufer des hier schon breiten Missouri.

Über eine 2750 Fuß lange eiserne Brücke kreuzten wir den Missouri und waren in Councils Bluff, wo längerer Aufenthalt war. Die Tour bis hierher ist – trotz einzelner interessanter Punkte – wegen der reichlich sieben Achtel des Weges einnehmenden wüsten Gegenden und eintönigen Prärien schrecklich langweilig und durch Hitze, Staub und das ewige Rütteln und Schütteln keine angenehme Fahrt. Durch landschaftlich schöne Gegenden mit vielen Städten und Landgütern durchfuhren wir Iowa und Illinois und erreichten am 24. nachmittags Chicago. In beiden Provinzen gibt es viele deutsch sprechende Bewohner. Leider waren auch hier viele Bahnhöfe in den Händen der Temperance-Leute* und man konnte daher bei der enormen Hitze kein Bier, sondern nur Kaffee, Tee und Limonade erlangen.

Michigansee, Eriesee

Ohne mehr als die Umgebung des Bahnhofs und einige mit Lagerhäusern und Fabriken bebaute Straßen gesehen zu haben, verließ ich abends Chicago. Wir fuhren durch dicht bebaute Gegenden und sich meilenweit am Michigansee hinstreckende Villen der wohlhabenden Bevölkerung und blieben lange in Sicht des mit vielen Schiffen belebten Sees. Mittwoch, 25. Juli, erwachte ich in Detroit. Bei Tagesanbruch fuhr dann der ganze Zug auf eines der großen Fährboote und kreuzte den Meeresarm, welcher den Huron- mit dem Eriesee verbindet. Die Aussicht von der kanadischen Seite auf die bewaldeten jenseitigen Ufer und die schöne Stadt Detroit sowie auf das mit großen und kleinen Schiffen belebte hellgrüne Wasser war wundervoll. Längs des Eriesees ging es durch dichte Laubwälder, freundliche Städte mit großen Holzschneidereien und Holzversand über viele Brücken und Flüsse; bei Hamilton erreichten wir den nahe am Ontariosee gelegenen Niagarafall.

Nach der Überschreitung der Hängebrücke unterhalb der großen Fälle, von der man einen schönen Anblick auf die Stromschnellen des zwischen hohen Ufern eingeengten Flusses hat, mussten wir mehrere Stunden mit dem Zuge halten, ohne uns entfernen zu können, da kein Beamter wusste, wie lange gehalten wurde. Erfreut waren alle Passagiere, als die Direktion uns Bescheid brachte, dass wir über Rochester sofort weiterfahren könnten.

Mit 60 Miles nach New York

Nach Besteigung eines modernen Zuges fuhren wir mit rasender Geschwindigkeit von 60 Meilen per Stunde über Rochester nach Syracuse und am 26. Juli über Hudson nach New York, welches ich morgens erreichte.

Die Strecke von Rochester bis Syracuse und Hudson bis New York, welche wir bei Tageslicht durchfuhren, ist wohl eine der schönsten Touren, die per Bahn gemacht werden können.

Expresszug mit Luxuswagen
Einen gewaltigen Unterschied zu dem von Kalifornien nach Chicago benutzten Zug bot der Expresszug von Rochester nach New York; wenig Leute in Europa haben einen Begriff von diesen Luxuswagen. Unser Zug, auf einem sehr breiten Schienenstrang laufend, bestand außer der mächtigen hohen Maschine aus Tender, einem Gepäck-, vier Passagier- und vier Wagnerschen Salonwagen, von denen zwei Schlaf-, ein Rauch- und ein Speisewagen waren.

Zur Frühstück-, Mittags- und Abendzeit wird geläutet; man kann dann im Speisewagen für 75 Cents ein sehr gutes Mahl bekommen. Dieser Wagen hat sehr große Fenster und an jeder Seite zwölf sehr elegant gedeckte Tische, für je vier Personen. Neger bedienen. Gekocht wird in einer geräumigen sauberen und sichtbaren Küche.

Ankunft in New York, Treffen mit einem
Geschäftsfreund der Familie
Morgens gegen 10 Uhr kam ich in New York an, fuhr nach Brandreths Hotel und besuchte später Palmenberg, welcher mit meinem Vater befreundet gewesen war.

Heimreise nach Hamburg

Am 1. August benutzte ich den nach Havre fahrenden französischen Steamer „La France", um mich nach Europa einzuschiffen. Nach einer stürmischen Fahrt ohne jegliches Ereignis landete ich am 11. August in Plymouth, um die Tour über London zu machen, wo ich im Westend Hotel abstieg.

London

Mit einigen hier getroffenen Bekannten aus Argentinien
besah ich Westminster Abbey, Paul's Cathedral, Parlament-
gebäude, Museen, Galerien, Tunnel, Tower, ein Wachsfigu-
renkabinett und sonstige Sehenswürdigkeiten und verließ
am 16. August die Hauptstadt Englands und langte am
18. August 1877 wieder in Hamburg an; ich hatte damit
meine zweite Rundreise um die Erde beendet.

**Zwei Jahre in Hamburg, Klöpfer lernt seine spätere Frau
Sophie Reinwein kennen**

Meine anfängliche Absicht war, sofort wieder nach Südamerika zurückzukehren. Auf Zureden der Familie versuchte ich
jedoch in Hamburg eine passende Beschäftigung zu finden
und blieb somit vorläufig in Hamburg. Im Hause meiner
Schwester lernte ich eine Familie Reinwein aus Trechow,
Mecklenburg, kennen, wohin ich während meines Aufenthaltes häufig zur Jagd reiste und die angenehmsten Zeiten
verlebte.

Dritter Aufenthalt in Südamerika von 1879 bis 1890 und Rückkehr nach Hamburg

Am 4. Juli 1879 verließ ich mit einem Neffen von mir, welcher auf Zuraten von mir sein Glück drüben versuchen wollte, mit dem Hamburg-Steamer „Argentina" die Stadt. Fast während der ganzen Reise hatten wir schlechtes Wetter. In Lissabon blieben wir den 11. und 12. Juli und hatten hinreichend Zeit, die schöne Stadt zu besehen. Am 18. erreichten wir San Vincente; diese zur Kapverdischen Gruppe gehörende Insel ist ohne Vegetation und hat nur schwarze Bewohner, welche die Schiffe aus den Depots mit Steinkohlen versehen. Die recht saubere Stadt wird von kahlen, merkwürdig gefärbten und geformten Bergen umgeben.

Am 27. Juli langten wir in Bahia an. Den 31. Juli liefen wir kurz vor Sonnenuntergang in die Bai von Rio de Janeiro.

Besteigung des Corcovado
Am anderen Morgen gingen wir an Land, besuchten den ziemlich vernachlässigten botanischen Garten und erstiegen zu Fuß den Corcovado. Nach häufigem Ausruhen erkletterten wir die letzte kahle steile Kuppe und genossen das denkbar schönste Panorama auf Erden. Der tiefblaue Ozean mit vielen, wie kleine Möwen erscheinenden Schiffen, die vielen dicht bewaldeten, von weißer Brandung umgebenen Inseln,

die weit ausgedehnte Stadt, der belebte Hafen und die sich
am Horizont verlierenden Bergreihen fesselten uns lange
hier oben.

Schlechte Zeiten für Auswanderer

Am 7. August ankerten wir vor Montevideo. Ich besuchte
meinen früheren Chef, welcher jetzt im Hause von C. Tornquist war. Von ihm erfuhr ich wenig Tröstliches, die Zeiten
seien schlecht für die La-Plata-Staaten* und alle Geschäfte
lägen nieder; cr versprach mir Empfehlungsbriefe nach Buenos Aires nachzusenden, falls ich nicht sofort ins Innere reisen würde.

Stellensuche in Buenos Aires

Am 8. August landeten wir in Buenos Aires, und ich, mein
Neffe und ein junger Mitreisender namens Hagemann bezogen dasselbe Hotel. Ein Bekannter von mir verschaffte meinem Neffen August Tuchtfeld eine Stelle in einer größeren
Gärtnerei. Mein Reisekollege ging nach Entre Rios, und ich
bezog eine Privatwohnung.

   Durch Briefe von Schläpfer wurde ich bei Tornquist eingeführt und erhielt nach einiger Zeit von diesem eine Offerte, nach Cordoba zu gehen, welche ich, da mir nichts Besse-
res geboten war, annahm.

Anstellung im Exportgeschäft von Francisco Espinosa in Cordoba im Oktober 1879

Den 1. Oktober betrat ich die so lange von mir bewohnte
Stadt Rosario wieder, wohin ich mit dem Steamer „Campa-
na" fuhr. Nach einem Aufenthalte von fünf Tagen, die ich
mit Besuchen von Bekannten und befreundeten Familien
ausfüllte, verließ ich in Begleitung meines alten Freundes Ed.
Meyer am 5. Oktober Rosario und blieb bis zum 22. in

Schönberg bei Canada de Gomez, da ich erst Ende des Monats in Cordoba zu sein brauchte.

Alte Freunde und angenehme Erinnerungen
Am 22. Oktober fuhr ich mit dem Abendzuge nach Westen, stieg nachts 12 Uhr bei bitterlicher Kälte in Frayle Muerto aus, um die vor zehn Jahren bewohnte Station zu sehen. Bei schönstem Frostwetter und herrlichem Sonnenaufgang betrachtete ich nahe dem Rio Segundo die einzelnen Ranchos, Cercos*, Parteros*, welche angenehme Erinnerungen an meine 1869 zu Pferde durch diese Gegend gemachte Reise hervorriefen. In Cordoba stieg ich im Hotel Europa bei Kräutner ab und wurde rasch mit allen hier lebenden Deutschen bekannt.

Die Arbeit im Exportgeschäft
Ende Oktober trat ich meine Stellung bei Francisco Espinosa an. Derselbe besaß eine Gärtnerei und die größte Barraca* in der Provinz. Felle, Wolle, Hörner wurden von den Landleuten in kleinen Partien in das Geschäft gebracht, geordnet, vergiftet, aufgespeichert und später nach Nordamerika, Frankreich und Buenos Aires exportiert.

Gesellschaftliches Leben auf den Estancias
Sonntags und während der vielen katholischen Feiertage waren die Geschäfte geschlossen. Dann ritt ich anfangs regelmäßig nach der Estancia Chaera germania, wo ein Schwager E. Meyers, Emilio Galander, wohnte. Galanders Besitz bestand aus zwei strohgedeckten Adobahäusern, von Weingängen umgeben. Mächtige Algarobas beschatteten den Hofplatz. Einige Quadras mit Mais und Alfalfa* und einigen Obstbäumen umgaben den Besitz; dahinter erstreckte sich meilenweit wasserarmer, oft undurchdringlicher Wald.

Höchst interessant ist der Ritt an einem Sommerabend im Dunklen nach Chagra. Alle Bewohner der Ranchos sitzen bei flackernden Feuern vor den Hütten, trinken Mate und spielen Gitarre. Unzählige Frösche lassen am Ufer ihr eigentümliches Gequake erschallen. Aus den Wäldern ertönt der höchst melancholische Ruf einer Taubenart. Auf allen Wiesen und über dem Flusse zeigen Milliarden kleiner Leuchtkäfer ihr blinkendes Licht. Im Februar verließ ich das Hotel und bezog eine Wohnung bei einer Familie Bustos.

Revolution in Buenos Aires im Februar 1880

Den 2. Februar ließ ich Tuchtfeld von Buenos Aires kommen, da ich ihm eine bessere Stellung verschafft hatte. Den 14. Februar traf die Nachricht von Buenos Aires ein, dass daselbst der Belagerungszustand proklamiert worden sei. Die schroffe Stellung zwischen den Anhängern Rocas und Tejedor setzte das ganze Land in Aufregung, sodass binnen Kurzem der Ausbruch einer Revolution erwartet wurde. Hier in Cordoba war die Regierung auf Seiten Rocas, die Bevölkerung aber einstimmig für Tejedor. Am 27. Februar, um 10 Uhr stiegen plötzlich drei Raketen auf.

Schießereien und Bürgerkrieg
Sofort stürzten mehrere Hundert mit Gewehren und Revolvern bewaffnete Knechte und junge Leute zur Redaktion des Ecos. Mehrere der unbewaffneten Soldaten wurden niedergeschossen und unter Anführung des Redakteurs Rubly das Cabildo* erstürmt; die 30 dort befindlichen Polizisten wurden eingesperrt und der Schwager Rocas, der Gouverneur Juarez Celmon, gefangen genommen und gezwungen, eine Schrift zu unterzeichnen.

Unerwartet erschien vom Quartel ein Kommando Soldaten, säuberte durch einige Salven die Plaza und befreite Celmon. In den abgelegenen Straßen wurde noch ab und zu geschossen, durch Patrouillen aber der Aufstand allseitig unterdrückt. Anfang Juni berichteten Zeitungen vom Anfang eines Bürgerkrieges im Süden.

Niederlage Tejedors und Friede
Längere Zeit hörte man nichts vom Süden, bis plötzlich die völlige Niederlage Tejedors telegrafiert wurde. Eine Erhebung in Entre Rios war gleichfalls unterdrückt worden, und Friede herrschte im gesegneten Argentinien. Im Juli wurde Roca zum Präsidenten gewählt und alle seine hungrigen Verwandten und Freunde wurden an die Spitzen der Verwaltungen und Banken gestellt, um sich zu bereichern und das Land zu bestehlen.

Klöpfer lernt 1880 die Indierin Clara Reyna aus San Marco kennen

Am 12. Oktober reiste Tuchtfeld nach Paraná in Entre Rios. Unser Mitreisender auf der „Argentina" hatte ihm eine Stelle in einem Campgeschäft offeriert, welche er annahm, da er inzwischen hinreichend die Sprache erlernt hatte.

Auf einer Reise ins Gebirge hatte ich eine junge Indierin namens Clara Reyna aus San Marco kennengelernt, welche mir durch hohen Wuchs und hübsches Aussehen besonders aufgefallen war. Nachdem sie meinen Vorschlag, zu mir zu kommen und meinen Hausstand zu führen, angenommen hatte, mietete ich ein Haus mit Garten in den Quintas, wo ich mich gemütlich einrichtete und bis zu meiner Abreise aus Cordoba lebte.

Haus und Garten in Cordoba
Besonders angenehm war für mich in dieser Wohnung der Hofplatz, wo Veranda und Wände mit einem großen Mus-

Clara Reyna mit ihrer Tochter Micaela, 1884

katellertrauben tragenden Weinstock bedeckt waren und wo
sich ein von hohen Trauerweiden beschattetes Bad mit
beständig fließendem Wasser befand. Selbst gepflanzte Pfir-
sich- und Aprikosenbäume trugen schon im zweiten Jahr.

Zähmung junger Pumas und Silberlöwen
Von Geschäftskunden und Landleuten kaufte ich vielfach
junge Pumas oder Silberlöwen, welche ich dann mit Milch
und Fleischbrühe großzog; von 27 dieser Tiere wurden die
meisten gänzlich zahm, spielten mit Kindern und meinem
Jagdhunde, schliefen unter meinem Bette, sprangen, wenn
größer geworden, beim Nachhausekommen mir entgegen,
umarmten und leckten mich vor Freude. Andere dagegen
waren und blieben bissig und falsch und ließen sich nur
durch Schläge regieren. Wurden die Tiere zu groß oder
gefräßig, schickte ich sie per Bahn via Rosario nach Buenos
Aires an einen Bekannten, für welchen ich hier die Tiere auf-
kaufen musste.

Außer diesen Tieren hatte ich stets eine ganze Sammlung
lebender, zahmer Vögel wie Chuñas*, Uracas* und Loros im
Hause, welche Clara verpflegte.

Präparieren von Vögeln, Fotografieren
Sonn- und Festtags fotografierte ich mit Bekannten die Stadt
und Umgebung oder ging auf die Jagd, stets eine reiche Beute an Rebhühnern, Iguanas und Vögeln, zum Ausstopfen
mitbringend. Das Konservieren von Vögeln hatte ich in
Hamburg oberflächlich erlernt, hier durch Beihilfe des deutschen Präparators des hiesigen Museums, Friedrich Schulz,
hatte ich erst größere Fertigkeit darin erlangt.

Der Kauf eines eigenen Geschäftes in La Paz zerschlägt sich

März 1882 wurde mir von Hagemann und Tuchtfeld ein
Geschäft in La Paz, Entre Rios zum Kauf angeboten. Am
1. April verließ ich Rosario und erreichte anderen Tages
Paraná. Die Fahrt dorthin ist höchst eintönig. In Paraná, der
einstigen Hauptstadt Argentiniens, musste ich einen Tag
bleiben, da keine Verbindung vorhanden war. Die Stadt liegt
auf einer hohen Barranca, von wo man einen schönen Über-
blick auf den Fluss und die sich am Strande hinziehenden
Anlagen, Kalköfen und Häuser hat; sie besitzt schmale, gut
gepflasterte Straßen, ansehnliche Häuser, Verwaltungsgebäude, Kirchen und öffentliche Plätze. Unter den Bewohnern sieht man auffällig viele Basken und Gallegos*.

Am 3. fuhr ich mit einem kleinen Flussdampfer nach Santa Elena, wo Hagemann ansässig war. Der hier befindliche
Saladero*, von einem Kemmerich übernommen, liegt ganz
romantisch in einer Talmulde. Da kein Dampfschiff von
Paraná telegrafiert war und ich keine Zeit zu verlieren hatte, gab Kemmerichs Schwager mir ein Segelboot mit zwei
Leuten, mit welchem ich spät nachts La Paz erreichte.

Am 6. ließ ich durch einen Boten Tuchtfeld zur Stadt
rufen und besuchte den Inhaber des käuflichen Geschäftes.
Nach genommener Einsicht der Bücher und Besichtigung
des Geschäftes bemerkte ich, dass das erforderliche Kapital
durchaus nicht dem geringen, nachweisbaren Verdienste
entsprach, und verzichtete auf den Kauf.

La Paz

Die aus ca. 1000 bis 1400 Seelen bestehende Stadt La Paz
machte überdies auf mich einen so traurigen Eindruck, dass
mir der Gedanke, hier Jahre verbringen zu müssen, Grausen
erregte. Nachts trat ich mit einem von Paraguay kommen-

den Steamer die Rückreise nach Rosario an und befand mich
am 11. April wieder in Cordoba.

Mitte September, nachdem ich schon lange heftig erkältet gewesen war, trotzdem ich den ganzen Winter hindurch
im Freien gebadet hatte, bekam ich eine Unterleibsentzün-
dung und lag längere Zeit so krank, dass die beiden deutschen Ärzte mein Aufkommen bezweifelten.

1883 Besuch in San Marco bei den Eltern Clara Reynas

Am 2. Februar nahm ich Urlaub, fuhr per Bahn nach Dean
Funes. Leider traf ich die Postkutsche nicht vor und musste
mir von einem Geschäftsfreunde ein Pferd mit einem Führer
borgen, um nach San Marco zu kommen, wohin Clara mit
der uns am 5. Juli 1881 geborenen Tochter bereits im Januar gereist war.

Im Galopp nach Cruz del Eje

Nachmittags 3 Uhr verließ ich Dean Funes und erreichte in
fast ununterbrochenem Galopp bei einer furchtbaren Hitze
spät abends den Flecken Cruz del Eje. Da ich das lange Reiten nicht mehr gewohnt war, überdies eine schwere Büchs-
flinte, Jagdtasche und Handgepäck mit mir führte, war ich
beim Absteigen gänzlich zerschlagen und kaum imstande zu
gehen. Dazu musste ich nach genommener Mahlzeit in der
Fonda Gonzales die Nacht auf einem Billardtisch statt im
Bette zubringen, da die Gast- und Schlafstube des Karnevals
wegen zechender Menschen voll war, sodass ich wenig vom
Schlaf profitierte. Frühzeitig am anderen Morgen, nach
einem im Flusse genommenen Bade und einem Imbiss, mietete ich ein Pferd nebst Führer und ritt zwischen hohen
Gebirgen, durch dichte Algaroba-Waldungen und stellenweise kultivierten Gegenden über Siguiman nach San Marco, wo ich im Hause von Claras Eltern abstieg.

San Marco, die Heimat von Clara Reyna

Das große Dorf, von einem klaren Flusse durchströmt, liegt am Fuße hoher, schroff abfallender Felsen. Wo der Boden berieselt wird, findet man schöne Weizenfelder, Alfalfa, Obstgärten mit Feigen, Granaten, Pfirsichen und herrlichen Weintrauben. Sonderbarerweise enthält San Marco eine rein indische Bevölkerung, welche sich fast gar nicht mit den Weißen vermischt hat. Vor vielen Jahren wurden den Ackerbau treibenden zivilisierten Indiern San Marco und einige Leguas als unbestrittenes Eigentum überlassen; es ist bis heute in ihrem Besitz geblieben.

Haupterwerb der Leute ist Weizenanbau, Ziegenzucht und Feigenkultur. Alle sind streng katholisch und ohne Schulunterricht.

Bei dem warmen Wetter schläft die Mehrzahl der Bevölkerung nachts im Freien vor den Häusern, da in denselben sich viel Ungeziefer, namentlich Vinchucas, deren Stiche große Geschwulste verursachen, aufhalten.

Rückreise nach Cordoba, die kleine Micaela im Sattel

Nach recht angenehm und interessant verlebten Tagen ritt ich am 9. Februar mit Clara, unserer Tochter Micaela, welche wir abwechselnd vor uns im Sattel hatten, nach Cordoba.

Kauf einer Pulperia mit Farmland in Arroyo hondo/La Paz

August 1883 schrieb mir Tuchtfeld, dass sein Chef das mir angebotene Geschäft von Uriburi übernommen und ihm die Pulperia nun zum Kauf geboten habe. Nach beigefügtem Auszug aus den Büchern wurde sehr gut verdient, auch sei das angrenzende Terrain ebenfalls billig zu kaufen. Ich besprach die Angelegenheit mit Espinosa, welcher riet, falls die Sache sich wie geschildert verhalte, jedenfalls Geschäft und Land zu übernehmen.

Arroyo hondo 1885, Klöpfer am Backofen, Tuchtfeld am Fenster

Besichtigung und Kauf

Nach mir bereitwillig erteiltem Urlaub reiste ich im September, nachdem ich meinen Freund Meyer in Canada de Gomez abgeholt hatte, da er sich ebenfalls in Entre Rios ankaufen wollte, nochmals nach La Paz und wir fuhren von hier in Begleitung von Tuchtfelds bisherigem Chef Badino per Wagen nach Arroyo hondo, wo ich mit Tuchtfeld übereinkam, das Geschäft für meine Rechnung zu kaufen, welches er dann vorläufig allein weiterführen müsse, auch solle er einen Kontrakt mit den Nachbarn wegen Landkaufes abschließen.

Zurückgekehrt nach Cordoba schickte ich Badino den verlangten Kaufpreis für das Geschäft und Inventar; statt des von Tuchtfeld gezeichneten Kontrakts über die zu erwerbenden Ländereien empfing ich Anfang Dezember einen Brief von ihm, in welchem er mich bat, nicht dorthin zu kommen; er hätte den Kontrakt rückgängig gemacht und wolle sein Leben lang arbeiten, mir mein Geld wieder erstatten zu können. Ich verstand nicht, was vorgefallen war, hat-

te inzwischen meine Beschäftigung hier aufgegeben, meine
Wohnung gekündigt und meine Mobilien verkauft; ich telegrafierte daher an Tuchtfeld, dass ich im Januar jedenfalls
dort eintreffen würde.

Abschied von Cordoba 1883

Am 25. November mittags 1 Uhr wurde Cordoba von einem
Gewitter heimgesucht, wie ich noch keines erlebt hatte. Fast
eine Stunde lang fiel Hagel mit einzelnen Schloßen*, teils so
groß wie Gänseeier, anderthalb Stunden nachher lag der
Hagel noch fußtief im Hofe. Meine Weinlaubengänge mit
über 400 großen Trauben, mit Pfirsichbäumen voller Früchte hatten kein einziges Blatt und keine Frucht behalten;
Stämme und Zweige waren von der Rinde entblößt. Viele
Ziegen und zwei Frauen waren in der Umgegend vom Hagel
getötet worden.

Die Stadt Cordoba
Die Stadt Cordoba, wo ich nun über drei Jahre gelebt hatte,
ist eine der schönsten Städte Argentiniens mit 30 bis 40 000
Einwohnern, meistens spanischer und indischer Abkunft; sie
hat viele Kirchen, Klöster, altertümliche Gebäude, schöne
öffentliche Plätze und Promenaden. Die Fahrwege sind gut
gepflastert und die Fußwege mit marmorartigen Kalksteinen
belegt. Außerhalb der Stadt, längs der Ufer des Rio Primero,
liegen Quintas mit schönen Obst- und Gemüsegärten.

Die Fremden in Cordoba
Im Sommer herrscht oft tropische Hitze, im Winter und
Frühjahr ist die Temperatur angenehm, nur sind die Nächte
oft bitterlich kalt und die Bäche und stehenden Gewässer
waren morgens oft dicht zugefroren. Die Bewohner sind
durch großen Fremdenzugang, Eisenbahnverbindung und

Verkehr aufgeklärter geworden und nur noch die weibliche Bevölkerung ganz in den Händen der zahlreichen Pfaffen.

Umzug nach Arroyo hondo mit Frau und Kind, Sack und Pack

Den 10. Februar 1884 morgens 6 Uhr verließ ich mit Clara und Micaela und vielem Gepäck Cordoba und traf am 12. gegen Mitternacht in La Paz ein, wo Tuchtfeld und Badino uns empfingen. Am folgenden Tage fuhren wir mit Wagen nach Arroyo hondo.

Misswirtschaft des Neffen Tuchtfeld

Leider waren meine Befürchtungen eingetroffen, Tuchtfeld hatte das Geschäft total vernachlässigt; Laden und Lagerräume waren leer, da er keine Waren in La Paz mehr bekommen konnte, nachdem er über 4000 Dollar Schulden auf meinen Namen bei Badino gemacht hatte, trotzdem ich ihm das Geschäft ohne Schulden und mit hinreichendem Betriebskapital überlassen hatte.

Entlassung des unzuverlässigen Personals

Während der ersten Tage beobachtete ich stillschweigend und sah, dass Tuchtfeld gänzlich unfähig ist, selbstständig ein Geschäft zu führen, während er als Angestellter ein sehr guter Verkäufer war. Am dritten Tage entließ ich sämtliche Angestellten; einen deutschen zuverlässigen Peon hatte ich von La Paz kommen lassen; diesem übergab ich die Hausarbeit und die Obhut der Pferde; Clara musste die Küche und den Haushalt besorgen und Tuchtfeld von früh bis abends verkaufen. Bevor ich das Geschäft zumachte, wollte ich noch ein Jahr versuchen, ob etwas zu retten sei.

Da unser bisheriger Lieferant in La Paz sich enorme Preise von Tuchtfeld hatte bezahlen lassen, reiste ich nach Rosario, kaufte dort in größeren Quantitäten gegen bar ein und war imstande, nach kurzer Zeit billiger als die Häuser in La Paz zu verkaufen, welche nur mit Kredit arbeiteten.

Eine Ziegenherde

Einige Wochen später hatte ich Gelegenheit, eine Herde von 90 Ziegen mit dem sie stets bewachenden Hunde zu erlangen. Für Leute auf dem Lande sind dies die nützlichsten Tiere; zweimal im Jahr bekommen sie Junge, stets zwei oder drei, geben mehr Milch als die hiesigen halb wilden Kühe, liefern geschmackvollen Braten und bedürfen keiner Aufpassung noch Fütterung.

Anlage eines Gartens, Bienen

Von Galander ließ ich mir mehrere Kisten Bienen aus Cordoba schicken, welche auch hier von den stets blühenden Bäumen schönen Honig eintrugen.

Neben unserem Hause legten wir uns einen großen Garten an, in welchem alle denkbaren Gemüse im Überfluss wuchsen. Samen ließen wir uns von Buenos Aires schicken und Tuchtfelds Kenntnisse als Gärtner kamen uns hier zustatten.

Klöpfer geht mit der kleinen Micaela zum Fischen und Jagen an den Paraná

Während der Herbst- und Wintermonate ritt ich fast wöchentlich, meistens mit Micaela, zum nahen Paraná, um zu fischen. In dem Arrayo neben unserem Hause lebten Yacares, Schweinsbiber oder Nutrias, von welchen ich abends viele erlegte; in den ungeheuren Schilfdickichten längs des Flusses lebten mächtige Sumpfhirsche und viele Wasservögel, Strauße, Papageien und schön gefiederte Singvögel belebten Wald und Feld.

Lästiges Ungeziefer

Im Sommer hörten Jagd und Fischerei gänzlich auf. Das ganze Land war dann mit so vielen Moskitos bedeckt, dass man nur mit Schleier und Handschuhen reiten konnte und der Aufenthalt außerhalb des Hauses namentlich abends zur Unmöglichkeit wurde. Noch unangenehmer als die Moskitos waren die Bichos colorados*, kleine milbenähnliche Tiere, welche am Grase und an den Gebüschen festhafteten und bei Berührung den Körper überkrochen, schreckliches Jucken und Geschwüre verursachten und nur durch Waschungen mit Sprit und Petroleum zu töten waren.

Für unsere Anpflanzungen waren die großen schwarzen Ameisen die schlimmsten Feinde. Auf allen offenen Stellen hatten sie ihre Haufen, von welchen aus sie Raubzüge gegen Gärten und Bäume, welche angepflanzt waren, unternahmen; die einheimischen Bäume blieben von ihnen verschont; in einer einzigen Nacht vernichteten sie eine Anpflanzung, wenn nicht aufgepasst wurde; einen 200 Pfund schweren Sack Reis hatten sie in einer Nacht beinahe leer geschleppt. Wir vergifteten sie mit Zyankali und Karbol.

Schön gefärbte gelbe und orange Wespen waren eine andere große Plage.

Schlangen

Auch war unsere Gegend sehr von Schlangen heimgesucht; in dem unseren Hofplatz umgebenden Cerco trafen wir häufig die große Vibera de la Cruz, die gefährlichste und giftigste Art.

Die Pulperia

Fremde, die bei uns oft zu Besuch kamen, konnten immer nicht begreifen, wie wir in dieser Einöde Geschäfte machen konnten. Direkt neben unserer Besitzung wohnte ein Baske, welcher Wagenbau und Schmiede hatte und mit seinen star-

ken Leuten eine große Stütze für uns war. Im Umkreise von
einer halben Legua lagen noch einige Ranchos zerstreut, wo
ebenfalls baskische Holzhauer und Fuhrleute wohnten. Eine
bis drei Leguas entfernt kamen dann mehrere große Estancias. Trotz dieser spärlichen Bevölkerung kamen an den
Sonntagen oft mehrere Hundert Reiter vor unserem Hause
zusammen, die sich mit Wettrennen, Tabos* und Hazard-
spiel und Sauferei den Tag vertrieben, Streitigkeiten und
Messerstiche kamen dabei regelmäßig vor; wir hatten deshalb samstags stets einen Kommissar und drei mit Säbeln
bewaffnete Knechte als Sicherheitswache bezahlt; fielen nun
Verletzungen oder Totschlag vor, so waren wir ohne Verantwortung, anderenfalls musste ich für jeden Totschlag 500
Dollar Strafe zahlen.

Gefahren des einsamen Lebens auf den Estancias

Einige Leguas entfernt bildete der Fluss Guayguiraru die
Grenze von Entre Rios mit Corrientes; hier trieb sich auf beiden Seiten schrecklich viel Gesindel, das selbst den Mord
nicht scheute, umher. Unser Wohnhaus, Lager und Laden
waren ganz mit vergitterten Fenstern versehen, alle verkauften Waren wurden durch die Gitter gereicht und kein Fremder kam ins Haus. Nach Sonnenuntergang verließ niemand
die Wohnung ohne Revolver oder Flinte. Hunde bewohnten
den Hof und abends wurde ungern geöffnet. Jede Woche
musste ich mit unseren 1000 Pesos nach La Paz zur Bank reiten; alle Bekannten wunderten sich, dass ich nicht angefal-
len wurde. Ich benutzte jedoch stets eines meiner besten
Pferde, welches hier alle Rennen gewann, führte beständig
zwei große Revolver bei mir und war weit und breit berühmt
durch sicheres Schießen.

Clara Reyna verlässt Mann und Kind

Ende 1884 wurde Clara von so heftigem Heimweh befallen, dass weder Bitten noch Vorstellungen sie von ihrem Verlangen heimzukehren abbringen konnten. Wenn sie auch ein sehr gutes fleißiges, brauchbares und stets zufriedenes Mädchen war, wie man selten unter den Hiesigen eines findet, sah ich doch ein, dass sie bei einstiger Rückkehr nach Europa sich schwerlich an unsere Sitten und Gebräuche gewöhnen und sich nicht glücklich fühlen würde. Ich ließ somit ihren Bruder von San Marco kommen, der sie nach ihrer Heimat begleiten musste. Unsere Tochter Micaela, welche unendlich viel von mir hielt, blieb bei mir.

Geschäftserfolg und Unzuverlässigkeit des Partners
Das unter traurigen Aussichten übernommene Geschäft hatte sich im Laufe des Jahres so gehoben, dass ich den Häusern in La Paz großen Schaden zufügte und fast den ganzen Häutehandel kontrollierte. Leider hatte Tuchtfeld seinerzeit in unbegreiflichem Leichtsinn den aufgesetzten Kontrakt mit dem Landeigentümer annulliert, und wir mussten uns daher darauf gefasst machen, da die Pacht schon bedeutend erhöht worden war, Ende 1885 das Geschäft aufzugeben, indem der Eigentümer des Landes den abgelaufenen Kontrakt nicht erneuern würde.

Sophie Reinwein reist nach Südamerika und heiratet Klöpfer

Da das Leben im Camp ohne weibliche Hilfe fast unmöglich ist, hatte ich, als die Trennung von Clara einmal beschlossene Sache war, an eine Bekannte, Sophie Reinwein in Trechow (Mecklenburg), mit welcher ich stets in Korrespondenz geblieben war, geschrieben, ihr meine Lage und

Lebensweise dargestellt und meine Hand angeboten. Zu meiner Freude wurde mein Anerbieten angenommen und ich hatte die Hoffnung, uns schon im Oktober in Montevideo trauen lassen zu können. Ende Juni schrieb mir nun Hagemann aus Santa Elena, welches eine Tagereise von hier entfernt lag und welchem ich meine beabsichtigte Verheiratung mitgeteilt hatte, ob ich Lust hätte, zu ihm zu kommen; es wäre eine gute Stelle frei, neben welcher ich jederzeit das Geschäft mit Tuchtfeld beaufsichtigen könne, meine zukünftige Frau würde dort doch ein angenehmeres Leben und Umgang mit gebildeteren Leuten finden als in Arroyo hondo.

Tuchtfelds Schurkenstreich

Ich besprach diese Angelegenheit mit Tuchtfeld, welchem ich halben Gesellschaftsanteil gegeben hatte, und fand ihn geneigt, allein hier zu bleiben. Ich wollte für meine Rechnung einen Ersatzmann stellen und alle 14 Tage herkommen. Gleichzeitig wollten wir uns bemühen, einen Käufer für das Geschäft zu finden, damit Tuchtfeld gleichfalls nach Santa Elena kommen könne. Somit war alles geordnet und ich wollte im August nach Santa Elena übersiedeln. Am 4. August fragte Tuchtfeld, ob er nicht vor meiner Abreise noch einen Tag nach La Paz reiten könne, er sei von Bekannten eingeladen, Zither zu spielen.

Bereitwillig gab ich ihm Urlaub auf mehrere Tage. Am 7., wo er zurück sein wollte, wartete ich vergebens; als ich am 8. auch noch nichts von ihm hörte, ritt ich eilends zur Stadt, da ich nun befürchtete, dass ihm etwas zugestoßen sei. Hier hörte ich zu meinem nicht geringen Schrecken, dass Tuchtfeld nach Buenos Aires gefahren sei, um für mich, wie er erzählt, einzukaufen. Beim Agenten des Steamers erfuhr ich jedoch, dass er erst am 7. für Rosario ein Billet gelöst hatte, wohin ich nun sofort telegrafierte und einen Bekannten bat,

Tuchtfeld bei Ankunft zu empfangen und zu fragen, was er vorhabe. Mittags traf die Nachricht ein, dass Tuchtfeld die Auskunft verweigere und nicht zurückkehren würde.

Klöpfer verkauft das Geschäft und verlässt mit seiner Tochter endgültig Arroyo hondo

Ich war durch diesen Schurkenstreich in eine höchst unangenehme Lage versetzt worden. Kurz entschlossen offerierte ich mein Geschäft zum Verkauf und ritt nachmittags zurück. Spät abends, als ich schon zu Bett gegangen war, wurde ich von meinem Nachbarn Talosa geweckt; er hatte von meiner Absicht zu verkaufen gehört und wollte die näheren Bedingungen vernehmen. Da er ein sehr wohlhabender Baske war, stellte ich die kulanteste Forderung und wurde sofort mit ihm handelseinig. Am anderen Morgen ritt ich mit ihm zur Stadt, erhielt meine Pagares* und übergab abends Geschäft und Viehbestand dem Käufer.

Umzug nach Santa Elena

Am 13. August schickte ich mein Gepäck nach dem Puerto Algarrobas, wohin mir von Santa Elena ein Schiff geschickt worden war und von wo ich mit Micaela das mir so viele Unannehmlichkeiten verursacht habende Arroyo hondo verließ. Mein deutscher Peon ritt mit den für mich zurückbehaltenen Pferden über Land nach Santa Elena, wo ich mit meiner Tochter am 14. August eintraf.

Hochzeit mit Sophie in Rosario am 6. Oktober 1885

Am 2. Oktober reiste ich nach Rosario, nachdem mir die telegrafische Anzeige gemacht worden war, dass die „Petropolis", mit welcher meine Braut sich eingeschifft hatte, in Montevideo angekommen wäre. Am 5. Oktober 1885

Tomo M. Folio 141.

1885 Matrimonio solemnizado en Rosario de Santa Fé en la República Argentina

En la Iglesia anglicana de San Bartolomé

N°	Fecha del Casamiento	NOMBRE Y APELLIDO	EDAD	ESTADO	PROFESION	DOMICILIO	LUGAR DEL NACIMIENTO
280	Octubre 6 de 1885	Christian Adolph David Klöpfer	42	Soltero	Comerciante	Santa Elena Prov. de Entre Rios.	
		Sophia Emma Dorthea Reinwein	32	Soltera	———	Santa Elena Prov. de Entre Rios	

Casados en Iglesia anglicana de San Bartolomé segun los ritos y ceremonias de la Iglesia Anglica

Por mi G. A. A.

Este matrimonio ha sido solemnizado entre nosotros — C. Adolf D. Klöpfer / Sophia E. D. Kleinwein

En presencia de nosotros,

Certifico que lo que antecede es copia fiel de la Partida N° 280 en el Registro de Matrimonios de la Iglesia Anglicana de San Bartolo

en esta ciudad del Rosario de Santa Fé, á veinte uno días del mes de Diciembre del

Heiratsurkunde von Klöpfer und Sophie Reinwein, 6. Oktober 1885

abends holte ich sie in Begleitung meines Freundes E. Kropf vom Bord und wir blieben in der befreundeten Familie. Ich beabsichtigte in Montevideo eine Zivilehe zu schließen, welche in Argentinien noch nicht eingeführt war, erfuhr jedoch von Schläpfer, dass alle in Europa gebräuchlichen Papiere und ein dreimaliges Aufgebot erforderlich seien. Da ich keine Papiere besaß und nicht Monate warten wollte, wandte ich mich an den englischen Prediger in Rosario, bei welchem keine Papiere nötig waren und nur zwei Zeugen verlangt wurden. Am Tage nach der Ankunft gingen wir mit Enrique Kropf und Guillermo Prinzenskiold um 10 Uhr zur Kirche San Bertolomé, wo Mr. Adams uns nach anglikanischem Ritus am 6. Oktober 1885 traute.

Wir fuhren noch denselben Abend mit dem Steamer „Lujan" stromaufwärts. Nach einer dreitägigen Fahrt erreichten wir am 9. Oktober Santa Elena.

Anstellung in der Fleischfabrik einer belgischen Gesellschaft in Santa Elena 1885/86

Wir bezogen hier ein gut gebautes Haus, auf einem der hübschen Hügel gelegen, von wo wir eine prachtvolle Aussicht auf tiefe bewaldete Schluchten, den breiten Paraná und die fast unübersehbaren Inseln hatten.

Deutsche Hausfrau am Paraná

Leider konnte meine Frau sich anfangs gar nicht mit den hiesigen Sitten und Gebräuchen vertraut machen und sich wegen Unkenntnis mit der hiesigen Sprache weder mit Micaela noch mit den eingeborenen Nachbarn unterhalten. Die größte Sorge bereitete ihr die Küche. Außer Zwiebeln, Mais, Knoblauch, Reis, Fidas* gab es nur Fleisch. Jeden Morgen erhielten wir zwölf Pfund Rindfleisch, wöchentlich eine Kalbskeule und einen halben Hammel; wenn nicht sofort gekocht, war das Fleisch mittags schon verdorben.

Gleiche Schwierigkeit bereitete die Anschaffung eines Dienstmädchens, bis ich eine sehr ordentliche Negerin aus Paraguay erhielt, mit welcher, Rauchen und Spucken ausgenommen, meine Frau so ziemlich zufrieden war. Nachdem Sophie das Leben und die hiesige Küche etwas kennengelernt hatte und ich Butter, kondensierte Milch, Roggenmehl und Gemüse von Rosario bezog, dazu des Sonntags häufig Hirsche, Enten, Tauben, Schnepfen und Rothühner nach Hause brachte, gestaltete sich unsere Küche schon reichhaltiger.

Moskitos am Paraná

So hübsch die Umgebung Santa Elenas war, so entsetzlich viel Unannehmlichkeiten und Beschwerden verursachte das viele Ungeziefer während der Sommermonate. Wenige Länder, welche ich bereist habe, sind so mit Moskitos gesegnet wie die Küste des Paraná in dieser Gegend.

Sandflöhe und Spinnen

An Flöhen, hier auch eine große Plage, hatten wir wenig zu leiden; gute Holzfußböden und große Reinlichkeit hatten sie vertrieben; dafür litten wir sehr an Niguas* oder Sandflöhen, welche sich unter dem Fuße oder unter den Nägeln schmerzlos einbohrten und ihre Eier legten. Nach einigen Tagen stellte sich Jucken ein, und man bemerkte in der Haut einen winzig kleinen schwarzen Punkt; mit einer Nadel wird dann die Haut gelöst und der ganze Beutel, von der Größe eines Maiskorns, mit den Eiern herausgezogen, ohne dass Blut erscheint.

Große langhaarige Spinnen von der Größe einer Walnuss, schwarze Skorpione und kleine Ameisen belästigten gleichfalls stark die Wohnung.

Stinktiere und Bichos colorados

Für meine Frau waren die das Camp bewohnenden Stinktiere das schrecklichste Viehzeug. Des Nachts verließen diese Tiere ihre Höhlen und kamen in die Nähe der Wohnungen, um Eier zu rauben; sie verbreiteten einen so bestialischen Gestank, dass Sophie trotz der geschlossenen Fenster regelmäßig aufwachte und sich erbrechen musste. Die uns in Arroyo hondo nur durch Jucken belästigenden Bichos colorados traten hier ebenfalls viel heftiger auf. Micaela, ich und mehrere Bekannte bekamen entsetzlich aussehende, jedoch unempfindliche Geschwüre an den Beinen. Mit Eintritt der kälteren Jahreszeit verschwinden die Tiere und heilen die Wunden aus, tiefe Narben hinterlassend.

Jagdfreuden im Lorbeerwald

Der Sommer ist auch hier durch hohe Temperaturen sehr lästig; Frühjahr, Herbst und Winter dagegen sind herrlich; dann bieten Jagd, Fischerei und Ausflüge zu Pferde und zu Fuß einen kleinen Ersatz für die fehlenden geselligen Vergnügungen.

Schlachtsaison am Paraná

Vom Flusse und der Landungsbrücke aus gesehen bietet Santa Elena einen hübschen Anblick. Die Fabrik liegt in einem Tale von hohen Barrancas umgeben. Große Seeschiffe laden direkt an der langen Landungsbrücke die Produkte der Fabrik. Ursprünglich eine Schlachterei, wo Fleisch und Häute gesalzen wurden, war die Anstalt von einer belgischen Gesellschaft übernommen worden, um Fleischextrakt, Paztou* und Fett zu fabrizieren und diese Produkte sowie Häute, Hörner und Knochen, Fleischmehl und Abfall nach Europa zu exportieren. Die Schlachtzeit dauert drei Monate, und es werden dann täglich 200 bis 300 Ochsen und Kühe getötet.

Abschied von Santa Elena, Umzug nach Cordoba

Am 15. August 1886 wurde meine Frau von einem Mädchen entbunden. Im September bekam ich Schwierigkeiten mit dem Käufer meines Geschäftes in Arroyo hondo, wobei sich dann herausstellte, dass Tuchtfeld Ausstände während seiner Anwesenheit in La Paz heimlich einkassiert hatte. Um einen hierzulande schrecklich kostspieligen und langwierigen Prozess zu vermeiden, beschloss ich zur Freude meiner Frau, welche sich durchaus nicht an das hiesige Leben gewöhnen konnte, meine Stellung aufzugeben.

Rückkehr nach Cordoba, wo die Cholera grassiert

Ich verkaufte Mobilien und Inventar und reiste mit der Familie am 30. Oktober über Rosario nach Cordoba. Einen Tag vor unserer Ankunft in Rosario war hier die Cholera ausgebrochen, welche auch bald die inneren Provinzen heimsuchte und in Cordoba viele der ärmeren Leute hinraffte. Da der Aufenthalt im Hotel durch die Krankheit nicht angenehm war, mietete ich nach einigen Tagen ein Zimmer

bei Galander in der Chacra de la Merced, wohin ich meine
Frau mit den beiden Kindern brachte. Von einem Bekannten
war mir gleich nach Ankunft die Aussicht gemacht worden,
gegen Kapitaleinschuss eines der ersten Häuser Tucumans
zu übernehmen. Da die feste Abmachung sich noch eine Zeit
lang hinziehen konnte, war ich gezwungen, bis dahin meinen Wohnsitz in der Stadt zu nehmen. So ritt ich sonntags
und häufig des Abends zu meiner Familie, um Bericht von
dem Stande der Cholera zu geben.

Sophie und die Kinder ziehen ins Gebirge um
Anfang Dezember erkrankte die Frau bei Galander, weshalb
ich Sophie und die Kinder sofort per Wagen heimholte und
bei einer mir befreundeten Familie Kräutner, die das wunderhübsch am Fuße des zwei Leguas entfernten Gebirges gelegene Landgut „La Granja" gepachtet hatte, unterbrachte.
Sophie wurde hier von den liebenswürdigen Leuten auf das
freundlichste aufgenommen und söhnte sich inmitten der
hübschen Gegend ordentlich mit dem hiesigen Leben aus.

Klöpfer wird Sozius der Firma Lendesdorf Temple & Co in Tucuman, Dezember 1886

Mitte Dezember kam mein Kontrakt endlich zum Abschluss
und jetzt konnte ich ruhig der Zukunft entgegensehen. Von
allen Seiten beglückwünscht, trat ich als Sozius in die Firma
Lendesdorf Temple & Co, welche Häuser in Rosario, Cordoba und Tucuman besaß, ein. Nach Übereinkunft war ein
Hiesiger von deutscher Abkunft namens Lendesdorf Chef
der Rosariner, ein Engländer namens Martin vom Cordobeser und ich vom Tucumaner Hause. Ein jüngerer Bruder von
Lendersdorf blieb als Verkäufer bei mir.

Cholera in Tucuman 1887

Unglücklicherweise brach die Choleraseuche Ende Dezember in Tucuman in gefährlichster Form aus. Trotzdem viele Einwohner in die Berge flohen, starben täglich mehrere Hundert Menschen und es hörte jede Ordnung auf. Meine Frau und meine Kinder bei Kräutner lassend, reiste ich am 8. Januar 1887 von Cordoba ab und erreichte nach zweitägiger Bahnfahrt die Stadt Tucuman. Die Fahrt war wirklich unheimlich; im Zuge befanden sich nur einige Ärzte und Krankenwärter. Alle Stationen und Restaurationen waren verlassen, und nur mit Mühe konnte man das nötige Essen bekommen. In Tucuman angekommen, suchte ich Lendesdorf auf, mit welchem ich verabredete, da ich nicht allein in einem Hotel logieren wollte, zusammen im Geschäftslokale zu schlafen. Die Geschäfte waren gänzlich geschlossen, ebenso die Hotels, Wirtschaften und Bäckereien. Anfang Februar war die Krankheit erloschen, nachdem über 6000 Menschen bei einer Bevölkerung von 20 bis 30 000 Menschen gestorben sein sollen.

Klöpfers lassen sich in Tucuman nieder

Im Februar mietete ich eine Wohnung in der Calle Ayeancho, kaufte Mobilien und ließ meine Frau und Kinder kommen, welche am 11. Februar hier eintrafen.

Auch hier in Tucuman hatte meine Frau große Not mit den Dienstboten, welche keine europäische Lebensweise kannten und entsetzlich schmutzig waren.

Deutsche Freunde finden sich an

Kurze Zeit nach der Ankunft wurde ich mit einem Deutschen Merkwitz bekannt, welcher die Schwester des hiesigen Gouverneurs zur Frau hatte. Er besaß große Zuckerpflanzungen in Famailla, wohnte jedoch meistens in der Stadt, wo

Deutsche Freunde in Tucuman, 1887

wir jeden Abend zusammenkamen. Seine Frau wurde mit Sophie befreundet, welche manches Vergnügen und manchen Beistand durch diese Bekanntschaft genoss.

Nachdem sich schon lange Zeit die hiesigen Regierungs- und Oppositionsblätter befehdet hatten, brach Anfang Juni unerwartet Revolution aus, welche die bisherige Regierung beseitigte.

Revolution in Tucuman

Am Sonntag, den 12. Juni, als ich um 8 Uhr ins Geschäft ging, traf ich in der Calle Belgrano Hunderte mit Gewehren bewaffnete Leute, welche vom Bahnhof nach der Plaza zogen. Während ich noch mit Bekannten über die Aufregung sprach, fielen schon in der nahen Plaza Schüsse, worauf sofort alle Läden und Häuser geschlossen wurden, und ich wieder nach Hause ging, da Sophie durch das nahe Schießen in große Aufregung geraten war.

Familie Voss in Tucuman, 1888

Um 9 Uhr begann ein ununterbrochenes Gewehrfeuer in den die Plaza begrenzenden Straßen; beständig pfiffen die Kugeln über unseren Hofplatz. Nachmittags lief unser Dienstmädchen laut schreiend aus dem Hause, da es die Nachricht erhalten hatte, ihr Vater sei erschossen worden.

Während der Nacht wurde selbstredend wenig an Schlafen gedacht, da ohne Pause gefeuert wurde. Montag, den 13. Juni, trat mittags endlich Ruhe ein, sodass man ausgehen konnte, um Erkundigungen einzuziehen.

Plünderung und Zerstörung
In den um die Plaza befindlichen hübschen Läden waren fast sämtliche Scheiben zerschossen und die Mauern voller Kugellöcher. Das große Cabildo bot ebenfalls ein Bild der traurigsten Verwüstung; mehrere Privatwohnungen höherer Beamte sowie des Gouverneurs waren geplündert und zerstört worden. Menschen waren in Anbetracht des tagelangen Schießens verhältnismäßig wenige getötet worden.

Allseitig wurde nun befürchtet, dass die vielen in die Stadt gekommenen Gauchos und Soldaten in der Nacht die Privathäuser plündern und weitere Exzesse begehen würden. Privatpersonen bildeten daher nachmittags Sicherheitswachen und schickten Patrouillen durch die Straßen. Zum Glück verlief die Nacht trotz großer Aufregung, noch vermehrt durch die bevorstehende Niederkunft meiner Frau, besser, als wir befürchtet hatten. Die neue Regierung verteilte sofort alle Beamtenstellen an die hungrigen und verrufenen Anhänger Celmans, für welche nun die goldene Zeit anbrach. Das Schlimmste bei dieser Revolte war, dass der sehr ehrenwerte Gouverneur Posse von der Nationalregierung gestürzt worden war.

Traurige Zeiten in der Familie Klöpfer
Am 16. Juni wurde uns ein Knabe geboren; leider starb derselbe bereits am 12. September.

Am 8. November traf uns abermals der harte Schlag, nach mehrwöchigem Unwohlsein infolge von Zahnkrämpfen und auch wohl durch falsche Behandlung des Arztes verloren wir unsere kleine Elisabeth.

Familienleben im neuen Domizil
Anfang Dezember verließen wir unsere bisherige Wohnung, wo uns so viel Leid betroffen hatte, und bezogen ein Haus mit Etage in der nächsten Nähe der Plaza und meines Geschäftslokales. Leider fehlte uns hier trinkbares Wasser, welches wir aus dem uns gegenüber liegenden Hause von Merkwitz, welcher eine Zisterne besaß, holen mussten. Die gewöhnlichen Brunnen enthalten hier salzhaltiges, höchst ungesundes Wasser. Durch die in jedem Hause befindlichen 20 bis 40 Fuß tief gegrabenen Latrinen, welche, wenn voll, einfach zugeworfen wurden, ist der ganze Boden in der Stadt verpestet; die meisten Gebäude besitzen große Zisternen, in

denen Regenwasser aufgefangen und mittelst Ziehbrunnen heraufgezogen wird. Wasserwagen mit Quellwasser durchfahren täglich die Stadt.

Gesellschaftliches Leben, Ausritte

Um meiner Frau etwas Zerstreuung zu verschaffen, hatte ich Reitpferde gekauft, und wir machten fast jeden Morgen bei gutem Wetter Spazierritte durch die hübsche Umgebung der Stadt. Sonntags wurden regemäßig Ausritte nach den herrlichen Lorbeerwäldern am Fuße der nahen Gebirge unternommen.

Die Regenzeit in Tucuman

Januar 1888 reiste Sophie, um die Zeit der größten Hitze, da wir im Schatten nicht weniger als 35–41° Celsius hatten, zu entgehen, für einige Wochen nach Cordoba. Die Stadt ist während dieser Sommermonate wie ausgestorben, da fast alle Familien ins Gebirge oder auf ihre Estancias ziehen. Von November bis Mitte Februar regnet es hier fast täglich; meistens treten Gewitter auf, welche enorme Wassermengen herabsenden; die ziemlich abschüssigen Straßen bilden dann reißende Gießbäche und aller Verkehr ist gehemmt. Bei der während dieser Monate herrschenden feuchtheißen und furchtbar drückenden Luft gedeiht eine üppige Vegetation. Leider herrscht dann aber auch in der ganzen Provinz das so gefürchtete Chuchu, eine Art kalten Fiebers, welches fast jedermann bei der kleinsten Vernachlässigung an Vorsicht befällt, den Körper furchtbar angreift und regelmäßig Leber- und Nierenleiden nach sich zieht; es kann nur durch sehr große Dosen Chinin beseitigt werden.

Zuckerrohr

Im Mai reiste meine Frau mit Micaela für mehrere Wochen nach Merkwitz' Estancia in Bella vista, um das hiesige Landleben und eine Zuckerrohrernte kennenzulernen. Anfang Mai, wenn die ersten Nachtfröste einsetzen, wird mit der Ernte begonnen.

Bella vista und die Dienstboten
Trotzdem Merkwitz sein Waschhaus besser eingerichtet hatte als die meisten Hiesigen, seine Frau aus einer der ersten Familien stammt, fand Sophie doch manche Gebräuche und namentlich den Schmutz der vielen im Hause befindlichen Dienstboten haarsträubend. U. a. befand sich außerhalb des Hauses vor der Küche ein eingemauerter Kessel; das heiße Wasser in demselben benutzten sämtliche Mädchen des Morgens erst zum Waschen, dann um das Geschirr zu reinigen, ohne das Wasser zu erneuern. Die meisten Dienstboten werden als kleine Kinder ins Haus genommen, erhalten außer Kleidung und Beköstigung keinen Lohn und dürfen vor dem 18. Jahre das Haus nicht verlassen. Sie werden meistens gut behandelt und als zur Familie gehörig betrachtet.

Risiken der Zuckerfabriken
Ein großer Teil der Umgebung von Tucuman ist nur mit Zuckerrohr bepflanzt, welches auf großen mit Kaktushecken eingezäunten und zur Berieselung eingerichteten Feldern wächst. Einmal gepflanzt, erneuert sich das Rohr vier bis fünf Jahre hindurch von selbst; dann muss es jedoch neu gepflanzt werden. 30 bis 40 Fabriken, mit den neuesten Maschinen ausgestattet, verarbeiten dieses Rohr. Vor vier Jahren strömte alles nach Tucuman, um Zuckerrohr zu pflanzen oder Fabriken aufzusetzen, wodurch man Reichtü-

mer zu erwerben hoffte. Da fast keiner der Unternehmer von der Fabrikation Kenntnisse besaß, die europäischen Arbeiter und Ingenieure, meistens Engländer und Franzosen, sehr teuer besoldet werden mussten, zahlte fast jeder Fabrikant teures Lehrgeld. Mit Ausnahme von wenigen Fabriken schulden die übrigen der Nationalbank enorme Summen.

Sklavenarbeit der Indier in Argentinien

Mehrere Ingenieure, u. a. Nongues, Hermanos, Padillos, arbeiteten, trotzdem die Sklaverei in Argentinien abgeschafft und verboten ist, nur mit Sklaven. Verwandte der Besitzer sind Regierungsbeamte und Senatoren in Buenos Aires, lassen Streifzüge gegen die Indier im Gran chaco unternehmen und die Gefangenen, Männer, Frauen und Kinder, an ihre Verwandten in Tucuman und Corrientes zur Zivilisierung übergeben. Hier werden sie als Arbeiter verwendet und, wenn nicht gerade schlecht behandelt, doch als Eigentum betrachtet. Kleider und Nahrung werden ihnen als Gehalt angerechnet; Eltern und Kinder können nicht fort.

Steter Krieg gegen die Indier

Das Schändlichste in diesem Lande ist der stete Krieg mit den meist harmlosen, die unfruchtbarsten und wasserärmsten Gegenden des Gran chacos bewohnenden Indiern. Irgendeiner der stets hungrigen Polizeikommissare lässt durch seine Leute einige Hundert Stück Hornvieh einem der im Norden wohnenden Estancieros wegtreiben und jenseits des Paraná verkaufen. Eine Untersuchung wird unterdrückt; es heißt einfach, die Indier haben diese Räubereien begangen. Expeditionen werden dann unternommen, einige Tolderias* zerstört und die Bewohner getötet oder nach Buenos Aires zur Verteilung an Verwandte und Bekannte des Gouverneurs versandt.

Korruption in Argentinien

Mit dem Regierungsantritt von Juarez Celman als Präsident
wurde in diesem Lande die schon stets vorgefundene Korruption so allgemein, dass jeder vom Minister bis zum
gemeinen Vigilanten seinen Anteil von den von Europa in
leichtsinnigster Weise bewilligten Milliarden-Anleihen
beanspruchte.

Kein Geschäft konnte abgeschlossen werden, von dem
nicht Präsident, Minister und Vermittler ihren Anteil
bekommen und dabei war von Bescheidenheit keine Spur.

Kreditvergabe und Parteienwirtschaft
Wer mit einem der Bankdirektoren befreundet war, erhielt
sofort Kredit, musste jedoch einen Bürgen stellen, wozu
jeder Knecht zu verwenden war. Sicheren Leuten mit gutem
Geschäft wurde dagegen der Kredit gekündigt, wenn sie
nicht zur Partei Celmans gehörten. Freilich hatten sich durch
den leichtsinnig jedermann gewährten Kredit Handel und
Industrie momentan gewaltig gehoben. Die bei meiner
Durchreise 1869 öde und arme Stadt hatte jetzt ein gänzlich
verändertes Aussehen bekommen; überall herrschte reges
Leben und Tätigkeit. Durch den Fremdenzufluss, den besseren Verkehr, den hohen Wert der früher wertlosen Länderei-
en und Steigerung der Miete um das zehnfache, war größere Wohlhabenheit entstanden.

Tucuman 1888

Die früher nur von Mais, Reis und Papaya lebenden Eingeborenen hatten größere Bedürfnisse entwickelt und schon
europäischen Luxus in ihren Häusern eingeführt. Italiener
bewirtschafteten meistens die umliegenden Quintas und
brachten die schönsten Gemüse und Früchte zu Markt. Die

Stadt hatte jetzt gegen 30 000 Bewohner, war bedeutend vergrößert und im Inneren mit schönen Läden, großen Hotels, Cafés und Restaurationen versehen. Elegante Equipagen* und Droschken hielten in den Plazas. Eine Pferdebahn führte durch die ganze Stadt und verband den Bahnhof mit dem Flusse Sali. Außerhalb der Stadt, wo das Ranchoviertel mit seinen Strohhütten der Arbeiter aufhörte, begannen jetzt wunderhübsche Quintas und Landhäuser.

Orangenpflanzungen, Gärten und Wälder

Zwischen Orangen und Zitronenpflanzungen, deren Duft zur Blütezeit die ganze Stadt erfüllte, lagen die schönsten Gärten, Zuckerfelder und Wiesen. Die durchführenden Wege waren mit Hecken und Gräben voll blühender Büsche, Schlingrosen, Brombeeren, mächtigen Kakteen (Stachelfeigen) und Akazien eingefasst und bildeten bis zum Fuße des anderthalb Leguas entfernten Gebirges prächtige Reitwege.

An den Abhängen der Berge ziehen sich die schönsten Waldungen hin, wo Lorbeer, Zeder und Walnuss ein undurchdringliches Dickicht bilden. Zufolge der hohen Temperatur und der vielen Niederschläge herrscht die üppigste Vegetation und die Stämme sind vom Boden bis zur Krone mit Schmarotzerpflanzen bedeckt.

Die Macht der Kirche

Die mannliche Bevölkerung von Tucuman ist ziemlich aufgeklärt und sehr tolerant gegen Andersgläubige; die Frauen dagegen befinden sich auch hier noch ganz in den Händen der vielen Pfaffen und faulenzenden Mönche, welche alles Familienleben untergraben.

Karneval

Höchst interessant war der im Februar abgehaltene Karneval. Umzüge maskierter Banden und der schönsten Mädchen, Hunderte von Equipagen und Wagen, das Werfen mit Eierschalen voll Riechwasser und mit Päckchen voll Mehl, das Bespritzen mit Pomito*, das Begießen mit Feuerspritzen und Eimern erregte schon tagelang vorher die ganze Bevölkerung.

Die Firma Lendesdorf Temple & Co 1889

Das von mir 1887 übernommene Geschäft in der Calle Congreso bestand aus Lager und Laden, wo Kohle, Bauholz, Eisen, Öle, Farben, Eisenwaren und Maschinen verkauft wurden. Unser Rosario-Haus kaufte die Waren in Rosario und Buenos Aires oder importierte direkt von Europa und Nordamerika und sandte sie per Bahn hierher. Als Deckung remittierte ich hier gekauften Zucker, Sprit und Zedernholz.

Wenngleich sehr nutzbringend, waren die Geschäfte mit den meistens stark verschuldeten Ingenios* stets sehr riskant. Außer Werkzeug, Maschinen und sämtliches Material für die Fabriken mussten wir den Besitzern alle Löhne für die Arbeiter während der Ernte vorschießen, wofür wir dann, bei Ablieferung der Produkte, einen Teil oder die gesamte Zuckerproduktion für einen vorher stigulierten* Preis übernehmen mussten oder Pagares als Zahlung erhielten. Bei größeren Beschädigungen der Maschinen stockte die ganze Arbeit und eine Bezahlung war erst bei der nächsten Ernte zu erwarten.

Gewinn und Verlust für Klöpfer

Trotzdem ich bei Jahresschluss mit nur geringem Verdienst gerechnet hatte, stellte sich für hier und das Cordobeser Haus ein so guter Verdienst heraus, dass jeder der Sozien aus dem ihm zukommenden Verdienstanteil sein Kapital verdoppeln musste, um für das kommende Jahr größere Unternehmungen beginnen zu können.

Das zweite Jahr fing für mich unglücklich an, indem durch Zusammenbruch eines Ingenios 15 000 Dollar verloren gingen. Zum Glück stiegen in Rosario die Zuckerpreise, sodass der zu erwartende Verdienst den des Vorjahres weit überstieg.

Zwist im Hause Temple und Lendesdorf

Leider stellten sich zwischen Temple und Lendesdorf ernste Zerwürfnisse ein. Ich wurde hier durch diesen Zwist in Mitleidenschaft gezogen, indem die Cordobeser Sozien den hier bei mir im Geschäft befindlichen jungen Lendesdorf hinausgewiesen haben wollten. Bei einem Besuche seines Bruders aus Rosario machte derselbe den Vorschlag, mir meinen Anteil nebst Verdienst für dieses Jahr bar auszuzahlen, um dann meine Stellung durch seinen Bruder einnehmen zu lassen. So unerwartet mir der Vorschlag kam, nahm ich, in Anbetracht der vielen riskanten Unternehmungen unseres Hauses und der aufsteigenden finanziellen Verwicklungen der Republik, das Anerbieten an und teilte meine Absicht den anderen Sozien mit; diese verweigerten ihre Zustimmung zu meinem Fortgehen vor Ablauf des Kontraktes. Ich musste mich verpflichten zu bleiben, bis ein Ersatzmann gefunden sei. Ich würde, wenn Einigkeit unter den Sozien geblieben wäre und Lendesdorf sich nicht mit der Regierungspartei in Spekulationen eingelassen hätte, wohl nie eingewilligt haben, vor Ablauf der festgesetzten fünf Jahre meinen Teil abzugeben, durch welchen ich in zwei Jahren hinreichend Vermögen erwarb, um bequem und behaglich in Deutschland zu leben. Unter den vorliegenden Umständen zog ich es vor, mit dem Erworbenen das ungesunde Tucuman zu verlassen. Bei einer entsetzlichen Hitze und den furchtbarsten anhaltenden Regenschauern konnte ich erst Ende Januar das Geschäft verlassen. Mein Freund Merkwitz hatte gleichfalls seine Besitzung verkauft und wollte mit seiner Frau nach Buenos Aires übersiedeln.

1889 verkauft Klöpfer seinen Anteil an der Firma und nimmt Abschied von Tucuman

Wir warteten bis Ende Februar vergebens auf trockenes Wetter und traten am 13. März, nachdem ich meine Mobilien und Pferde verkauft hatte, die Reise nach der Küste an.

Reise mit dem Schlafwagen nach Buenos Aires
In Begleitung von Merkwitz verließ ich mit meiner Familie das für mich, abgesehen vom Verlust unserer Kinder, gesegnete Tucuman. In einem der eleganten Schlafwagen erreichten wir nach 36-stündiger Fahrt den Bahnhof von Cordoba.

Am 15. März fuhren wir über Rosario mit der neuen Eisenbahn via San Nicolas Campano direkt nach Buenos Aires, wo wir spät abends am folgenden Tag eintrafen. In Buenos Aires trafen wir durch einen enormen Fremdenzufluss alle Hotels überfüllt an und fanden nach langem Suchen nur im Hotel du Nord noch einige Zimmer frei.

Vorbereitung der Rückkehr nach Deutschland

Meine Absicht war, die Rückreise über Brasilien zu machen; es herrschte dort jedoch seit November das gelbe Fieber in solchem Grade, dass kein Steamer diese Route machte. Wir warteten bis Ende April; aber die Schiffsverbindung war noch immer geschlossen und ich musste schließlich Fahrkarten für die am 9. Mai direkt nach Europa fahrende „Belgrano" nehmen.

Die sechs Wochen in Buenos Aires verbrachten wir meistens mit Ausfahrten und Spaziergängen nach Belgrano, Palermo, Tigre, La Plata und mehrmaliger Flussfahrt nach Rosario.

Das Leben in Buenos Aires

Das Leben in Buenos Aires ist unbeschreiblich großartig; einen gleich großen Verkehr in Pferdebahnwagen, Kutschen und Equipagen haben wohl nur wenige europäische Städte aufzuweisen. In den Plazas und Hauptstraßen sind prachtvolle Läden, Paläste, Banken und Privathäuser entstanden, vor denen, namentlich des Abends, ein großes Gewoge herrschte. Prachtvolle Wege und Anlagen führen nach Palermo, wo des Sonntags und bei festlichen Gelegenheiten Tausende der elegantesten Equipagen durch die Palmenalleen fahren.

Schwierigkeiten beim Transfer des erworbenen Vermögens

Leider machte mir meine Geldangelegenheit hier große Sorge. Der Wert der Pesos Nationales war gegen Gold bereits um 60 Prozent gesunken, auf Zuraten von Bekannten ließ ich schließlich den größten Teil meines Geldes hier und in Rosario, um einen günstigen Zeitpunkt zum Wechseln abzuwarten.

Abschied von Argentinien, Reise der Familie Klöpfer mit dem Steamer nach Hamburg

Am 9. Mai war der Abgang unseres Steamers festgesetzt. Nachts vorher herrschte heftiger Westwind und selbst die transatlantischen Steamer saßen fest auf dem Grunde. Erst am 12. änderte sich der Wind und um 3 Uhr verließen wir die Außenreede und nahmen Abschied vom schönen Argentinien, wo ich so viele Jahre verlebt hatte.

Stürmische Reise zu den Kapverdischen Inseln

Am 13. Mai ankerte unser Schiff vor Montevideo, um Kohlen einzunehmen bis zum 16. Mai. Von hier bis zu den Kapverdischen Inseln, welche wir am 30. Mai berührten, hatten

San Vincente 1889, im Vordergrund Sophie Klöpfer

wir ununterbrochen kaltes regnerisches Wetter mit heftigem Gegenwind.

Während die „Belgrano" in der weiten Bai von San Vincente ankerte, um Kohlen aufzunehmen, fuhr ich mit meiner Frau an Land; wir besahen die wenigen sauberen Straßen der Stadt, den Marktplatz, Leuchtturm und die Umgebung und machten einige fotografische Aufnahmen. Vegetation fehlt auf dieser felsigen Insel gänzlich und man hielt nur einige blühende Büsche und Blumen in Kübeln und Töpfen vor den Türen und Fenstern. Die Lebensmittel kommen von der nahen, mit üppigem Pflanzenwuchs bedeckten Insel Antonio.

Teneriffa

Nachdem wir am 2. Juni schon seit Mittag an der schönen, bergigen, mit Städten bedeckten Küste Teneriffas entlanggefahren waren, ankerten wir abends vor der Stadt Santa Cruz. Von dem berühmten, schön geformten Pico* de Teide war die Spitze beständig von Wolken bedeckt. Da unser

Steamer „Belgrano" im Kanal, 1889

Schiff mit Tagesgrauen weiterfahren sollte, benutzten ich und meine Frau, um etwas von der Stadt zu sehen, sofort die Gelegenheit, nachts mit unserem Proviantmeister an Land zu fahren.

Nebel und Sturm vor Dover

Den 9. und 10. Juni bekamen wir beim Einlaufen in den Kanal einen dichten Nebel, sodass man keine Schiffslänge voraus sehen konnte; unser Schiff kam den ganzen Tag nur langsam voran. Am Tage wurde gefischt und mit Revolvern nach schwimmenden Flaschen und Scheiben geschossen. Mittags legte sich der Wind und wir trafen auf Helgoland gänzlich ruhiges Wasser, sodass wir bei schönstem Wetter die Elbe hinauffuhren, jedoch der Ebbe wegen erst gegen Mitternacht in Hamburg anlangten.

Klöpfers Familie geht nach Hamburg,
Adoption von Micaela

Wir wurden hier von meiner Schwester und deren Kindern empfangen, mit denen wir sofort nach deren Wohnung fuhren, wo wir vorläufig bei meiner Mutter Logis bezogen.

Mein Bruder ging schon im Juli wieder nach Kalifornien zurück, wo er sich angekauft hatte. Denselben Monat fuhr ich mit meiner Frau und Micaela nach Bützow und nahm bei meiner Schwiegermutter Wohnung. Hier besuchte Micaela zum ersten Mal die Schule.

Klöpfer versucht eine Existenz in Deutschland aufzubauen
Den ganzen Monat August besahen wir verschiedene uns zum Kauf angebotene Landstellen. Im September bekam ich von Schläpfer aus Buenos Aires, welchen ich mit meiner Geldangelegenheit betraut hatte, die beunruhigendsten Berichte über die Verhältnisse in Argentinien. Statt einer Besserung des Goldkurses war dieser auf 250 gestiegen. Teils um von den argentinischen Zuständen besser unterrichtet zu bleiben, teils um die Adoption Micaelas, mit welcher das Hamburger Standesamt mir große Schwierigkeiten bereitete, möglichst schnell zum Abschluss zu bringen, mietete ich in Hamburg eine Wohnung und richtete uns hier ein.

Micaelas Adoption
Die Oberaufsichtsbehörde des Handelsamtes wollte mir keinen Heimatschein für Micaela aushändigen, ohne welchen die Vormundschaftsbehörde die Adoption nicht vornehmen konnte. Ein Dr. Mohrmann verlangte diese Papiere. Schließlich ließ er dieses Verlangen fallen und wollte mich zwingen, in Hamburg zu wohnen.

Als ich im November diese Forderung erfüllte, verlangte er, dass ich nun Micaela taufen lasse, und mir wurde von

Familie Reinwein mit Sophie Klöpfer, Hamburg-Fuhlsbüttel, 1889

ihm der Prediger Rohde empfohlen. Dieser fand es nun höchst sonderbar, dass die Polizei ein solches Verlangen stellte, um darauf erst ihre Papiere auszufüllen. Nach Supplizierung* an die Kirchenbehörde und Rücksprache mit dem Senator Melle ging mein Gesuch schließlich an den Senat, von welchem Dr. Mohrmann einen Verweis bekam und befohlen wurde, mir sofort die nötigen Papiere auszufertigen; noch denselben Tag erhielt ich von diesem borniierten Beamten den verlangten Heimatschein.

Die Schwierigkeiten mit dem Geldtransfer werden größer
Im Dezember, als die Verhältnisse in Argentinien immer verwickelter sich gestalteten, bekam ich das Anerbieten von meinem Bruder, mit Familie nach Kalifornien zu kommen, um gemeinschaftlich mit ihm und der Familie seiner verstorbenen Frau auf dem ihm gehörenden Lande in der Nähe Santa Barbaras eine Farm mit Obst und Viehzucht zu beginnen.

Micaela Klöpfer, 1889

Versuch einer Auswanderung nach Kalifornien, 1890

Die Schilderungen und ausführlichen Berichte und Pläne lauteten so günstig, dass meine Frau und ich nicht abgeneigt waren, in Südkalifornien unsere Heimat aufzuschlagen. Da ein Teil meines Geldes für diesen Zweck ausreichte, nahm ich den Vorschlag meines Bruders an und schickte am 5. Mai meinen ganzen Hausstand mit einem Segelschiffe nach San Francisco. Nach reiflicher Überlegung wurde beschlossen, dass meine Frau, welche im Juli ihrer Niederkunft entgegensah, vorläufig hierbleiben und mein Schwager und ich allein hinüberfahren sollten, um Haus und Landbesitz erst einzurichten.

Klöpfer reist mit seinem Schwager per Auswandererschiff nach New York

Am 8. Juni reisten wir per Dampfschiff „Gellert" nach New York. In der Kajüte befanden wir uns nur mit 24 Personen. Im Zwischendeck nahm das Schiff 300 Leute von hier und 600 von Havre mit, welche furchtbar eingepfercht und nicht besonders behandelt wurden. Die Hamburger Polizeibeamten, welche die Leute vom Grasbrook bis Bremerhaven begleiteten, zeichneten sich durch besonders brutales Benehmen aus. Den 21. Juni bekamen wir einen Lotsen und gingen abends bei Dunkelwerden vor Staten Island vor Anker. Nachdem das Schiff ein Gesundheitsattest bekommen hatte, wurden die Anker gehoben und wir fuhren langsam an dem hohen, bewaldeten, stellenweise mit großen Stadtteilen bebauten Ufer entlang, bis wir gegen 9 Uhr morgens in Hoboken anlegten.

Ankunft in New York

Der Anblick der passierten Ufer, die vielen Schiffe und Fährboote mit Tausenden von Passagieren, die große, unser Schiff am Kai erwartende Menschenmenge machten bei dem herrlichen Wetter einen unvergesslichen Eindruck. Als ich mit dem Verzollen fertig war, kam E. Rabe, welcher von meiner Reise mit der „Gellert" erfahren hatte. Nachdem wir in Naegelis Hotel Quartier bestellt hatten, besuchten wir Rabes Familie, fuhren nach den Pallisades, einem Privatgarten mit schönem Wald und einer majestätischen Aussicht vom hohen Ufer auf den belebten breiten Hudsonfluss und die gegenüberliegende Stadt New York. Nach dem Essen besahen wir New York, den sehr gut besuchten Hyde Park, wo ein Konzert abgehalten wurde.

Am anderen Tage besuchte ich Palmenberg und hörte, dass die projektierte Reise über Texas nicht empfehlenswert sei und wir besser täten, über Denver zu fahren. Seit dem Jahre 1877, wo ich bei Palmenberg verkehrte, ist die Umgebung der Stadt, namentlich am Harlem River, nicht wiederzuerkennen; wo damals Wald, Felsen und Wildnis sich befanden, steht jetzt das eleganteste Villenviertel.

№	Zuname	Vornamen	männlich	weiblich	Alter	Bisheriger Wohnort	Im Staate resp. in der Provinz	Bisheriger Stand oder Beruf	Ziel der Auswanderung (Ort und Land ist anzugeben)	Zahl der Personen
		Cajüte								
1	Battermann	J. R.	1		35	New York	U.S.	c		
2	Senger	Anna		1	24			Frau		
3				1	4					
4		Albert	1		21			Kfm.		
5	Voß	Elma		1	20	Hamburg		c		
6	Doolittle	Fred J.	1		31	Toledo	U.S.	Maschin.		
7	Schmidt	Georg	1		30	Stade	Hann.	Kfm.		
8	Schlossfeldt	Emma		1	31	Grand Island	U.S.			
9	Heiberg	A	1		42			Rentier		
10		M		1	40	Pries	Holst.	Frau		
1	Bernstein	Abrah	1		24			Kfm.		
2		Pinchos	1		10	Wolkowisk	Russl.			
3	Neumann	Auguste		1	30	Hamburg		Frau		
4		Aug	1		5	Hamburg		Kfm.		
5	Klopfer	A	1		45	Hamburg		Kfm.		
6	Neumann	Heinr	1		39	Berlin				
7	Kramer	Heinr	1		19	Schleswig		c		
8	Nielsen	Laura		1	30	Boston	U.S.	c		
9	Nielsen	Jörgen	1		50			Attaché		
20		Camille		1	20	Horsens	Dänemark	Frau		
1		v. Fred	1		7			Kfm.		
2	Klingm.		1		44					
3	von Appen	Aug	1		30	Hamburg				
4	Friedländer	Adolf	1		60	Kentochen	Holst.	Chemiker		
24	Altmann	Anna		1	20	Solvay	Schles.	c		
			12	12						

Ich erkläre hierdurch an Eidesstatt, dass sich nach meiner gewissenhaften Ueberzeugung unter den aufgeführten Personen keine befinden, deren Beförderung verboten ist;

dass ich gewissenhaft Sorge getragen habe, um das Schiff nach Maassgabe der gesetzlichen Vorschriften, mit der vorgeschriebenen Quantität guter Nahrungsmittel, Wasser und sonstiger Ausrüstung auf Tage zu versorgen;

dass ich den Besichtigern über die etwa am Bord befindlichen alten Ausrüstungsgegenstände wahrheitsgetreue und genaue Auskunft erth dass sich unter der Ladung des Schiffes keine Gegenstände befinden, deren Mitnahme nach § 34 des Gesetzes vom 14. Januar 1887, betreff Auswandererwesen, verboten ist;

dass ich überhaupt den dem Expedienten eines Auswandererschiffes nach diesem Gesetze und den auf Grund desselben erlassenen Veror obliegenden Pflichten in allen Stücken gewissenhaft nachgekommen bin.

HAMBURG, d. 9 Juni 1890

Unterschrift des Expedienten:
Hamburg-Amerikanische Packetfahrt-Actien-Gesellschaft.

Zu haben bei Grefe & Tiedemann, Bei der Stadtwassermühle 1.

Verzeichniss

Personen, welche zur Auswanderung nach _Brasilien_ via _Lissabon_

Unterzeichneten engagirt sind, und mit dem Dampf-Segel-Schiffe _Montevideo_ Capitain _C. Baie_

deutscher Flagge — zunächst per Eisenbahn — nach _____ befördert werden.

Abgang des Schiffes den _12. Juni_ 189 _0_

Zuname	Vornamen	Geschlecht		Alter	Bisheriger Wohnort	resp. in der Provinz	Bisheriger Stand oder Beruf	Ziel der Auswanderung	Zahl der Personen	Davon sind: Frauen und Kinder über 10 Jahre	unter 10 Jahre	unter 1 Jahr
1.		2.		3.	4.	5.	6.	7.	8.	9.	10.	11. 12.
					Kajüte							
	Carl	1		28	Hamburg	Hamburg	Kaufmann		1	1		
	Paul	1		30	Leipzig	Sachsen	"	Rio de Janeiro	1	1		
	Clara		1	30	Rio de Janeiro	Brasilien	"		1	1		
	Esther	2	1	25	Toosé	Oostenrijk			3	3		
	George	1		24			Mechaniker		1	1		
	Anna		1	23	Odessa	Russland	"		1	1		
	Marie		1	34			"		1	1		
	Hermann	1		8			Schüler		1	1		
	Emilie		1	6			"		1	1		
	Paul	1		13			"		1	1		
	Bruno	1		11	Jadl	Schlesien	"	Rio de Janeiro	1	1		
	Otto	1		9			"		1	1		
	Fritz	1		7			"		1	1		
	Elsa		1				"		1	1		
	Peter	1		30	Senhof	Hannover	Kupfer		1	1		
	Julius	1		38	Berlin	Brandenburg	Kaufmann		1	1		
	Anna		1	38	"	"	"	London	1	1		
	Theodor	1		31	Liegnitz	Schlesien	Kaufmann		1	1		
	Louise		1	47	"	"	"		1	1		
	Therese		1	23	Troppau	Oostenrijk	"		1	1		
	Wilhelm	1		52	Hannover	Hannover	"		1	1		
		10	8						18	13	5	

Ich erkläre hierdurch an Eidesstatt, dass sich nach meiner gewissenhaften Ueberzeugung unter den aufgeführten Personen keine befinden, ... deren Beförderung verboten ist.

Hamburg, den _12. Juni_ 189 _0_

Unterschrift des Expedienten

PASSAGIER-EXPEDIENT DER
Hamburg - Südamerikanischen
Dampfschifffahrt-Gesellschaft

Für mit weniger als 25 Passagieren zur Beförderung auf dem Landwege.

Gosta & Tiedemann. Bei der Stadtwassermühle.

Passagierliste der „Gellert" vom 9. Juni 1890, Kajüte,
Klöpfer/Reinwein Nummer 5 und 6

Dampfschiff „Gellert", Juni 1890, Sophie Reinwein
unter dem Rettungsboot stehend

Eisenbahnfahrt New York – San Francisco mit dem Pullmannschen Touristen-Schlafwagen

Den 23. Juni gegen 7 Uhr abends verließen wir den großen Bahnhof in Jersey. Den 24. Juni erreichten wir früh morgens Buffalo, eine Stadt, die, von der Bahn aus gesehen, nur aus Fabriken zu bestehen scheint. Einige Meilen hinter der Stadt, nach Passierung des Niagaraflusses unterhalb der großen Fälle, befanden wir uns auf englischem Boden. Nach einer sehr interessanten Fahrt längs des Ontariosees und durch allerliebst gelegene Städtchen erreichten wir mittags Fort Huron, an dem Meeresarme zwischen dem Erie- und dem Huronensee gelegen, welcher mit dem gesamten Zuge auf einem der großen Fährdampfer durchschifft wurde. Bei großer Hitze gelangten wir gegen Mitternacht nach Chicago.

Chicago

Da unser Zug drei Viertel Stunden Verspätung hatte, konnten wir erst am nächsten Mittag weiterfahren. Chicago,
nach New York die größte Stadt der Union, macht keinen
sehr angenehmen Eindruck. Mit Ausnahme der neueren
Stadtfläche sieht alles kasernenartig aus; sehr finstere
Fabrikgebäude und Lagerhäuser bilden langweilige Straßen.
Das Zentrum und die Seite in Richtung Michigansee ist
dagegen prächtig erbaut und hat einen ähnlichen Verkehr
und ein Gewühl wie New York. Kabelwagen durchfahren
beständig die breiten, mit schönen Läden und prächtigen
Lauben geschmückten Straßen bis zum Hyde Park am Ufer
des Sees, wo sich wundervolle Anlagen und Vergnügungslokale befinden.

Richtung Denver

Mittags, den 25. Juni, setzten wir unsere Reise fort und
kreuzten während der Nacht bei Kansas City den breiten
Missouri. Den 26. Juni fuhr der Zug bei großer Hitze und
dem entsetzlichen Staube durch meilenlange vertrocknet
und dürr aussehende Ebenen mit zerstreut liegenden Ortschaften. Höchst trostlos sahen diese nur aus Holzhäusern,
ohne Busch noch Baum bestehenden Ansiedlungen aus.
Nachmittags tauchten hohe schneebedeckte Gebirge am
Horizonte auf. Der Boden wurde kahler und dürrer und bildete eine Wüste ohne Vegetation. An einzelnen Bächen und
Niederungen nur bemerkten wir elende Hütten, deren
Bewohner Viehzucht trieben.

Gegen Abend erreichten wir die über 100 000 Bewohner
zählende Stadt Denver, welche durch die rundumherliegen-
den Berge einen hübschen Anblick bietet. Schöne Straßen
mit hohen modern erbauten Häusern umgaben den prachtvollen Bahnhof. Den 27. Juni befanden wir uns beim Erwachen in wildromantischer Gegend. Die Bahn windet sich hier

längere Zeit durch enge Felsschluchten längs eines schäumenden, viel Wasser führenden Gebirgsbaches. In der Station Salida wurde unser aus neun Waggons bestehender Zug in drei Sektionen zerteilt und jede Sektion erhielt eine Maschine vorn und eine hinten. Diese drei Züge mit sechs Maschinen fuhren nun in schraubenförmigen Windungen die Berge hinauf, wobei viele wahrhaft gefährlich aussehende Punkte mit prachtvoller Aussicht passiert wurden.

Auf der Höhe des Marshall-Passes, 10 858 Fuß hoch, trafen wir in den Schluchten noch große Schneemassen. Die Züge hielten hier eine Viertelstunde. Sämtliche Passagiere verließen den Zug, um die prächtige Aussicht zu genießen.

Als der Zug weiterfuhr, blieben mehrere Herren und Damen, welche sich zu weit entfernt hatten, zurück. Nachmittags gelangte unser Zug in ein schmales Felsental, welches über eine Stunde lang die denkbar schönsten Gebirgspartien aufwies. Zur Bequemlichkeit der Passagiere war in der letzten Station ein offener Wagen angehängt worden, der indes nur von wenigen benutzt wurde, da die Mehrzahl, der oft gefährlichen Stellen wegen, die geschlossenen Wagen vorzog.

Die Schienen sind auf lange Strecken in die Felswand gesprengt und laufen beständig neben dem nur aus Gefällen und Strudeln bestehenden Fluss hin; beide Seiten werden von hohen senkrechten Felsen gebildet, welche hin und wieder Aussicht auf romantische Täler und Schluchten gestatten. Überall stürzen Wasserfälle aus den mit prächtigen Tannen bewachsenen Höhen.

Am 28. Juni hatten wir beim Aufstehen kaltes Wetter und befanden uns in einer öden, wilden Gebirgsgegend; um 7 Uhr erreichten wir eine große von Bergen umgebene Ebene, mit Feldern und Weideland bedeckt und hinter dieser die ersten Ortschaften der Mormonen. Schöne Landhäuser, von Obstbäumen und Ulmen ganz beschattet, erstreckten sich

Momentaufnahme aus dem Zug der Pacificbahn

bis zum Städtchen Provo. Von hier war die Gegend wieder
entsetzlich öde, und nur an den Stellen, wo sich Wasser zum
Berieseln fand, hatten die Mormonen blühende Ortschaften
gegründet.

Utah, Hauptstadt der Mormonen
Um 8 Uhr erreichten wir die Hauptstadt der Mormonen,
Utah oder Salt Lake City, wo wir den Zug verließen, um
Stadt und Leute in Augenschein zu nehmen. Mit einer elek-
trischen Bahn fuhren wir nach dem ziemlich entfernten Zen-
trum, wo sich in mehreren Straßen Läden, Geschäftshäuser,
Wirtschaften und zwei große Hotels befanden und lebhafter
Verkehr herrschte. Nachmittags sollte am großen See ein
Konzert und Volksfest stattfinden. Wir benutzten ebenfalls
den dicht besetzten Extrazug und fuhren durch eine vegeta-
tionslose Gegend zum eine Wagenstunde entfernten Wasser.
In der Station Garfield ausgestiegen, bot sich uns ein wundervoller Anblick dar. Der nur schmale Strand besteht aus

Sand und Geröll und ist ohne Busch und Baum, er glänzt jedoch ebenso wie die sich umher erhebenden Berge und die aus dem tief indigoblauen unübersehbaren Wasser hervorragenden Inseln in den wunderbarsten Farben.

Abends kehrten wir nach Utah zurück und fuhren mit dem Nachtzuge nach der zweitgrößten Mormonenstadt Ogdon. Am 29. Juni nahmen wir diese Stadt in Augenschein, welche viel mehr Leben und Gewühl in den Straßen hat als Utah. Mittags 2 Uhr setzten wir unsere Reise nach dem Westen fort und fuhren durch öde und gänzlich vegetationslose Gegend, stundenlang in Sicht des Sees. Am 30. Juni fuhren wir ununterbrochen bergauf bis zum Gipfel der Sierra Nevada. Die Höhen und selbst die Holztunnel waren noch mit einer 20 bis 40 Fuß hohen Schneeschicht bedeckt.

Ankunft in Oakland

Nachmittags mussten wir in Sacramento unseren Pullmannschen Touristen-Schlafwagen verlassen und mit einem der gewöhnlichen Züge nach Oakland reisen, wo wir abends von meinem Bruder empfangen wurden.

Mittelst einer Pferdebahn erreichten wir spät dessen Wohnhaus in Alameda. Emil bewohnte hier ein niedliches Haus mit kleinem Blumen- und Obstgarten.

Einwanderung nach Kalifornien – eine Illusion

Von Emils Familie auf das freundlichste empfangen und bewirtet, gewann ich leider schon am folgenden Tage die Einsicht, dass er uns in der unverzeihlichsten leichtsinnigsten Weise zum Herkommen veranlasst hatte und dass alle seine Schilderungen sich als Illusionen erwiesen. Ich fuhr noch denselben Morgen nach San Francisco hinüber und telegrafierte meiner Frau, sich nicht zur Reise fertigzumachen, da wir wahrscheinlich zurückkämen.

Die Gegend von San Francisco

Einige Tage nach unserer Ankunft fuhren wir, Emil, mein Schwager und ich morgens 8 Uhr nach San Francisco, um uns die Gegend, wo wir nach der Meinung Emils unser Haus aufschlagen sollten, wenigstens anzusehen. Über San Mateo, Menle Park, San José, Gilray, Pajaro erreichten wir Castroville. Die Gegend ist hübsch und die durchfahrenen Ortschaften, namentlich San José, schön erbaut, mit prächtigen Gärten und großen Obstanpflanzungen. Wo die Felder und Gärten nicht berieselt und besprengt werden konnten, sah alles vertrocknet und dürr aus.

Unser Zug führte uns von Castroville beständig durch vorherrschend sandige Gegend. Über kleine erbärmliche Stationen erreichten wir das freundliche, zwischen Eichenwaldungen an einem wasserreichen Flusse gelegene Paso de Robles und um 5 Uhr die ebenso im Walde liegende Station Templet, wo unsere Fahrt beendet war.

Emils Ländereien bei Templet

Wir mieteten uns hier einen Wagen, welcher uns durch hügelige von Eichen bestandene Gegend ins vier Meilen entfernte Creston brachte. Auffällig waren die hier zu Tausenden die Felder und den Wald bewohnenden Hasen, Kaninchen und Erdeichhörnchen, welche stellenweise zur Landplage werden und die ganzen Ernten vernichten. In Creston, einer Ansiedlung mit wenigen Holzhäusern, übernachteten wir in einem der zwei Gasthäuser. Am anderen Morgen besah ich den Platz und ich zog Erkundigungen über die Ländereien meines Bruders ein.

Die Lage sollte sehr hübsch sein und das Land sich ausgezeichnet zur Anlage eines Parks eignen, zu landwirtschaftlichen Zwecken wegen der hügeligen Lage jedoch durchaus nicht dienen. Von Ackerbau kann dort gar keine Rede sein. Mit einem Wagen fuhren wir durch Kornfelder und Eichenwald in ein drei Viertelstunden entferntes Tal.

Zu Fuß gingen wir von hier durch eine bergige Gegend mit hohen Tannen und Eichen bedeckt nach dem Besitze Emils. Zwei kleine Seen inmitten der felsigen Berge gewähren einen ganz wundervollen Anblick. Leider bestätigte sich die Aussage der Leute in Creston, da sich auch keine Rute* des Landes zum Ackerbau eignete.

Auskommen für Tagelöhner und Knechte
Die Mehrzahl der in dieser Gegend lebenden Leute sind Tagelöhner und Knechte. Behagliches Leben und Umgang mit gebildeten Menschen ist hier fast ausgeschlossen.

Paso de Robles
Spät am Abend kamen wir wieder in Creston an. Den folgenden Morgen benutzten wir die nach Paso de Robles fahrende Post. Gegen 10 Uhr bestiegen wir dort den von Santa Barbara kommenden Zug und waren abends den 6. wieder in San Francisco.

San Francisco und seine Umgebung 1890

Nach reiflicher Überlegung waren mein Schwager und ich zu dem Entschlusse gekommen, dass es für uns nicht angebracht sei, uns dort niederzulassen, da weder ein gemütliches Leben zu führen noch etwas zu erwerben ist. Wir wollten die Ankunft unseres Gepäckes abwarten und dann unsere Heimfahrt antreten. Inzwischen versuchten Emil und seine Schwägerin uns den Aufenthalt so angenehm wie möglich zu machen; wir fuhren täglich nach San Francisco, machten Touren in die Umgebung und nach dem Cliffhouse, wo schöne Anlagen und Parks seit meinem letzten Hiersein entstanden sind.

Badeanstalt an der Websterstation

Nahe Emils Wohnung befindet sich die Websterstation* an
der Bai und eine große öffentliche Badeanstalt für beide
Geschlechter gemeinschaftlich; terrassenartig rundumher
angebrachte Sitze gewähren den Zuschauerinnen, welche
am stärksten vertreten waren, Gelegenheit, die Badenden zu
beschauen, sonntags war stets großes Zusammentreffen
festlich geputzter Menschen, welche sich hier und in den
umherliegenden Buden und Zelten mit Obst, Getränken und
Popcorn erfrischten und sich stundenlang aufhielten. Baden-
de Damen hatten Kostüm, Herren nur Schwimmhosen an.

Ausdehnung der Stadt und Verkehr

Die Stadt San Francisco erstreckt sich jetzt über viele, noch
vor einigen Jahren nur mit Gestrüpp bedeckte Höhen längs
der Bai. Eine prächtige Kabelbahn kreuzt alle Straßen und
führt über bedeutende Höhen bei starker Neigung bis zum
äußersten Ende der Stadt. Nahe am Strande sind die im Stillen Ozean befindlichen Klippen auch jetzt noch der Aufent-
haltsort vieler Seelöwen, deren Spiele man vom großen
Restaurationsgebäude deutlich beobachten kann.

In den Hauptstraßen sind mächtige Hotels, große Läden
und prachtvolle Privatgebäude entstanden und es herrscht
das regste Leben und Gewoge. Das chinesische Viertel mit
seinen vielen öffentlichen Häusern ist so ziemlich dasselbe
geblieben, nur werden die verrufensten engen Straßen jetzt
durch Polizisten bewacht, da in letzter Zeit hier viele Mordtaten und Beraubungen stattgefunden haben. Lebensmittel
und Mahlzeiten sind hier äußerst billig und es macht großes
Vergnügen, die mächtigen Markthallen mit den wun-
dervollsten Produkten in Augenschein zu nehmen. Berühmt
ist der hiesige Wein durch seine Güte und Billigkeit.

Rückreise nach New York über Texas

Am 2. Juli 1890 nahmen wir Abschied von Emils Familie. Für die Reise hatte uns Emils Schwägerin zwei große Körbe mit Proviant und Wein besorgt, damit wir auf der Route via Texas nicht die vielfach sehr mangelhaft beschaffenen Restaurationen an den einsamen Stationen in Anspruch zu nehmen nötig hätten.

Nachmittags 4 Uhr, nachdem wir eine schaurig öde Gegend durchfahren hatten, erreichten wir die Station Needles, wo unsere Wasserbehälter zu unserer Freude mit Eis gefüllt wurden. Im Waggon hatten wir 38° R, eine Temperatur, die selbst dem schwarzen Conducteur* ungemütlich wurde. Viele halb nackte Indier, Männer und Frauen, welche teilweise spanisch verstanden, umringten die Waggons und verkauften Tonwaren, Bögen und Pfeile, Schnitzereien und Steine; die alten Leute sahen entsetzlich hässlich aus, die jüngeren waren nur durch ihre langen Haare und Lumpen entstellt. Sie sollen in Stein- und Lehmhütten längs des Rio Colorado wohnen.

Eine Meile hinter der Station passierten wir auf einer kirchturmhohen, breiten, eisernen Brücke den mächtigen Fluss. Die Aussicht von der über 200 Fuß hohen Brücke, auf welcher der Zug eine Zeitlang hält, war so beängstigend, dass ich auf dem Perron* keine fotografische Aufnahme zu machen wagte. Östlich vom Colorado sahen wir ab und zu kultiviertes Land und kleine Adobahäuser mit Veranden.

Navajos-Indier

Furchtbare Gewitterschauer ergossen sich auf unseren Zug und weite Strecken des Landes waren überschwemmt. Am 23. Juli gelangten wir nach Laguna, wo viele Indierwohnungen an den Berghängen errichtet waren. Von der hoch am Berge liegenden Indierstadt Zeno Pueblo konnten wir nur

wenig erblicken. Hier sowie in A.P. Junction schienen die in
einzelnen Gehöften, Städten und großen Dörfern wohnenden Navajos-Indier ganz wohlhabend zu sein. Viele ansehnliche, gut gekleidete, dunkelbraune Indiermädchen kamen in
die Waggons und verkauften kleine wohlschmeckende
Äpfel. 24. Juli: Abwechselnd bald kahle, bald bewaldete
Gegend erstreckte sich bis Garden City, wo wir den Staat
Kansas erreichten und fast ununterbrochen bis zum Missouri mit Mais und Weizen bepflanztes Land durchfuhren. Bei
Kansas City kreuzten wir wieder bei Nachtzeit den Missouri. Am 25. Juli gelangten wir über Madison, Ancona nach
Chicago.

Petroleum-Bohrgerüste
Den 26. Juli machten wir bei schönstem Wetter eine prächtige Fahrt und die heute zurückgelegte Strecke war wohl eine
der schönsten, welche wir auf der Hin- und Rückfahrt zwischen New York und San Francisco angetroffen haben. Des
Morgens durchfuhren wir viele Meilen jungfräulichen Wald.
Hinter Belleire passierten wir in herrlicher Gegend den
Ohio, trafen dann viele Meilen auf weites hügeliges, bewaldetes Land, wo überall Petroleum gewonnen wurde. Turm-
hohe Gerüste waren zu Tausenden errichtet und dienten
dazu, die Erdschichten bis zu bedeutender Tiefe nach Petroleum führenden Schichten zu erbohren.

Abends erreichten wir Pittsburg, wo der ganze Distrikt
mit Fabrikstädten, flammenden Hochöfen und Eisengieße-
reien bedeckt ist. Am 27. Juli erreichten wir nachmittags
4 Uhr New York.

Tourist Cars
Auf unserer Reise hatten wir auf der Hinfahrt folgende Staa-
ten passiert: New York, die kanadische Provinz Ontario,
Michigan, Indiana, Illinois, Missouri, Kansas, Colorado,

Utah, Nevada, Kalifornia, auf der Rückfahrt: Arizona, New Mexico, Colorado, Kansas, Missouri, Illinois, Indiana, Ohio, Pennsylvania, Virginia und Maryland; ermüdet durch das ununterbrochene Getöse, den entsetzlichen Staub und die stellenweise herrschende furchtbare Hitze ist man schließlich, mehr als man vermutet, gegen die größten Naturschönheiten gleichgültig geworden.

Während unseres Aufenthaltes in New York unternahmen wir mehrfach Ausflüge und Fahrten in die Umgebung, wurden indes sehr von einer furchtbar drückenden Hitze belästigt, viele Leute bekamen in den Straßen einen Sonnenstich.

In sieben Tagen von New York nach Hamburg

Am 31. Juli, morgens 5 Uhr, verließen wir mit der „Normannia" Amerika und erreichten bei spiegelglatter See ohne jegliches Ereignis in sieben Tagen Hamburg, am folgenden Tag unsere Familie in Bützow, wo meine Frau am 9. Juli von einem Mädchen entbunden worden war, von welchem freudigen Ereignis ich bereits in San Francisco telegrafische Anzeige erhalten hatte. Zu meiner Freude bekam mein Schwager sofort wieder Anstellung als Revierjäger und wurde Anfang des nächsten Jahres für den Rest seines Lebens mit einer Forststelle in Ramm, Bahnhof Lübtheen Mecklenburg, versorgt

Ich blieb mit meiner Familie vorläufig in Bützow und war noch unentschlossen, hier etwas zu kaufen oder wieder nach Argentinien zurückzukehren, wo die Zustände mittlerweile noch trostloser geworden.

Der Peso, früher vier Mark, schwankte zwischen 75 Pfennigen und eine Mark 20. Unser 1889 verlassenes Geschäft in Tucuman sowie unsere Häuser in Cordoba und Rosario waren inzwischen geschlossen.

Versuch, in Hamburg geschäftlich Fuß zu fassen, 1891 bis 1893

Während ich noch unschlüssig war, was zu beginnen sei, machte mir der Bruder meiner Frau die Offerte, bei einem seiner intimsten Freunde namens Zoder eine Stelle als Prokurist mit Kapitaleinschuss anzunehmen. Da ich von verschiedenen Seiten die beste Auskunft erhielt und ich mich überzeugt hatte, dass seine Gooler Dampferlinie jährlich 20 bis 24 000 Mark Überschuss einbrachte, er überdies als einziger Sohn von seiner Mutter noch 400 000 Mark zu erben habe, nahm ich die Stellung an und zahlte 30 000 Mark ein. Ich hoffte, nun mein Leben in Hamburg mit meiner Familie angenehm verbringen zu können, und zog mit Sack und Pack nach Hamburg, wo ich April 1891 nach der Hohenfelder Allee übersiedelte.

Micaela besucht das Paulsenstift
Meine Micaela hatte das Glück, die Annahme zum Besuch der Schule des Paulsenstiftes zu erlangen. Ihre Ferien verlebte sie regelmäßig mit meiner Frau und Carrie in Ramm, wo mein Schwager eine sehr schöne Försterei erhalten hatte, welche mitten im Walde zwischen Redefin und Lübtheen lag.

Nach Beendigung der Schulferien und Rückkehr nach Hamburg am 18. August 1892 fanden sie in der Stadt große Beunruhigung durch den unerwarteten Ausbruch der Cholera. Schon seit mehreren Tagen waren vereinzelte Fälle in der ganzen Stadt vorgekommen, jedoch von der Behörde vertuscht und verheimlicht worden.

Cholera-Epidemie in Hamburg
Wider alles Erwarten nahm die Krankheit plötzlich einen furchtbar heftigen Charakter an, sodass im August und September allein über 6 bis 7000 Menschen starben und nahezu 15 000 erkrankten. Ganz allmählich verringerten sich die Fälle bis Ende des Jahres und die Stadt konnte erst im Frühjahre für seuchenfrei erklärt werden. Fast jede Familie hatte Mitglieder oder Bekannte zu beklagen. Ganze Familien waren ausgestorben und das bitterste Elend herrschte in den ärmeren Kreisen.

Die Geschäfte ruhten gänzlich, da die Schifffahrt beinahe gehemmt war und sich alle Ortschaften gegen das verpestete Hamburg abschlossen. Dank der sich gebildeten Vereine und der von der ganzen Erde eingegangenen vier Millionen Mark wurde die größte Not gelindert.

1893: Pleite bei Gooler
Mein Eintritt bei Zoder hatte mir statt der erwarteten Annehmlichkeiten nichts als Verdruss und Sorgen gebracht. Ich bemerkte bald, dass er durch großartige Lebensweise und Vergnügungsreisen das Geschäft vernachlässigte und total verschuldet war, was die wenigsten Leute glauben wollten. Ich hatte wenig Aussicht auf Wiedererlangung meines Geldes. Im Sommer 1893 wurde das Geschäft geschlossen. Zoder hatte auf die Erbschaft von seiner Mutter zu Gunsten seiner Kinder verzichtet und schließlich offerierte sein Anwalt einen außergerichtlichen Akkord*, welcher von sämtlichen Gläubigern im Januar 1894 angenommen wurde. Ich musste mit 6000 Mark quittieren, da ich sonst nichts zu erwarten hatte.

Von meinem langjährigen Freunde Schläpfer erhielt ich
inzwischen die Aufforderung, so rasch wie möglich nach
Argentinien zu retournieren, da ich durch ihn und Tornquist
jedenfalls wieder gute Stellung finden würde. Ich beschloss
somit, im September allein abzureisen und die Familie vorläufig hierzulassen. Ich verbrachte den Sommer größtenteils
mit meiner Frau und Tochter Carrie bei meinem Schwager
in dem wunderhübsch gelegenen Forsthof Ramm.

Eine Bleibe für Sophie, Carrie und Micaela
In dem nahe gelegenen Lübtheen richtete ich schließlich eine
Wohnung ein, wo Sophie und Carrie in der Nähe ihres Bruders so lange wohnen bleiben sollten, bis ich in Südamerika
wieder eine Lebenshaltung erlangt hätte.

Billet für die „Britannia"
Ich folgte der Einladung meiner Freunde in Buenos Aires
und Rosario, dorthin zurückzukehren, und kaufte mir eine
Fahrkarte für den am 27. September von Liverpool gehenden Steamer „Britannia".

Abschied und Trennung auf ungewisse Zeit
Wenn auch die in Deutschland verlebten Jahre furchtbar vie-
le Sorgen und Unannehmlichkeiten mit sich gebracht hatten,
stand mir der Abschied und die Trennung auf ungewisse
Zeit von Frau und Kindern nach jahrelanger behaglicher
Lebensweise sehr bevor.

Vierter und letzter Aufenthalt in Südamerika von 1894 bis 1900

Mit dem Steamer „Lincoln" nach Grimsby, per Bahn nach Liverpool

Montag, den 24. September 1894, ging ich an Bord des Steamers „Lincoln". Nachts um 12 verließen wir den Hafen und befanden uns bei Sonnenaufgang in der Nähe Helgolands und erreichten nach einer ruhigen, langweiligen Fahrt durch die Nordsee am 26. September frühmorgens Grimsby. Nach zweistündigem Aufenthalte in dem kleinen unansehnlichen Städtchen fuhr ich per Bahn nach Liverpool. Bis Sheffield war das Land eben und der Anblick monoton, von hier traten Gebirge auf mit oft prächtigem Ausblick auf tief liegende Täler und große Städte. Liverpool ist wohl ebenso groß wie Hamburg, hat prachtvolle Straßen mit vielen großen öffentlichen Bauten, großen Läden und einem in den Hauptstraßen fast verwirrenden Verkehr.

Mit der Britannia und 1500 Auswanderern Richtung Brasilien

Den 27. September, nachmittags 3 Uhr, wurden die Passagiere mit einem Flussdampfer zur weiter abwärts ankernden

„Britannia" gebracht, welche um 5 Uhr bei schönstem Wetter in See ging.

Französische Auswanderer

Am 29. September liefen wir den neu angelegten Hafen „La Palice", ca. vier Kilometer von La Rochelle entfernt, an, wo die Kajüten viele französische Passagiere empfingen.

Baskische und portugiesische Auswanderer

Mittags liefen wir in die Bai von Coruna. 2. Oktober morgens 5 Uhr in die herrliche Bai von Vigos, rings von bewaldeten Bergen umgeben. Von beiden Plätzen empfingen wir viele Zwischendeckspassagiere, meistens Basken mit vielen Frauen und Mädchen. Am 3. Oktober bei schönstem Wetter morgens 9 in den Tejo und um 12 vor Lissabon. Unser Schiff wurde hier fast überfüllt von Passagieren, meistens Portugiesen für Brasilien. Es sollen 1500 Menschen an Bord sein.

8. Oktober, 3 Uhr nachmittags vor San Vincente geankert. Ich fuhr sofort an Land und fotografierte dieselben Punkte wie 1889. Spät abends weiter, nachdem das Schiff durch Einnehmen von Kohlen schrecklich beschmutzt geworden ist. 13. Oktober: die Linie ohne jegliche Notiznahme noch Festlichkeit unter den Passagieren passiert. Am 13. in nächster Nähe von Fernando de Noronho, am 14. auf der Reede von Pernambuco. Am 16. blieben wir den ganzen Tag in der schönen Bai von Bahia.

Quarantäne

Den 26. Oktober sahen wir früh die Küste Uruguays und passierten um 10 Uhr die Insel Flores, wo alle Passagiere für Montevideo in Quarantäne mussten, da Rio als verseucht galt; da abends ein heftiges Gewitter und hohe See einsetzten, wurden erst am 27. die letzten Passagiere an Land gerudert. Bis abends wurden in Montevideo Waren gelöscht. Am

28. waren wir in Sicht von Argentinien, landeten mittags in La Plata und fuhren nachmittags 4.30 Uhr per Bahn nach Buenos Aires.

Wiedergewonnener Mut
Die trüben Gedanken, mit denen ich meine Reise angetreten war, wurden durch die schöne Reise sowie durch liebenswürdige Mitpassagiere bald gänzlich vergessen, sodass ich frohen Mutes in Buenos Aires eintraf und der Zukunft nicht mehr so schwarz entgegensah. Ich traf bereits am ersten Tage viele meiner alten Bekannten und Freunde, welche sich lebhaft für mich interessierten, sodass ich bereits am dritten Tage eine den Verhältnissen nach gute Stellung nach den Saladero San Javier, im nördlichsten Teil der Provinz Santa Fé, erhalten hatte und am 5. November in Begleitung von Hagemann nach Rosario per Bahn fuhr, wo ich noch einige Tage angenehm verlebte.

Buenos Aires sowohl wie Rosario haben sich seit 1890 bedeutend verschönert und vergrößert; geschäftlich sind freilich viele Häuser zusammengebrochen und unzählige Fremde und Einheimische haben ihr ganzes Vermögen eingebüßt.

Rückkehr zum Paraná, Anstellung als Geschäftsleiter in einem Saladero in San Javier – elende Lebensbedingungen

Am 8. November verließ ich Rosario und betrat am 10. das früher bewohnte Santa Elena.

Den 11. November frühmorgens fuhr ich in Begleitung des Administrators* Dr. Sch. per Boot auf die andere Seite des Paraná, wo bereits Knechte mit Pferden auf uns warteten, sodass wir mittags im Verwaltungsgebäude des Saladeros San Javier abstiegen. Dr. Sch. blieb einige Tage hier, um mir die Verwaltung und die Einrichtung der Fabrik zu zeigen, welche jetzt unter Aufsicht von Santa Elena stehen soll-

te, während bisher eine selbstständige Verwaltung existiert
hatte. Ich sollte mit dem Majordomus* Don Pedro Gonzales, einem alten Bekannten von mir, das ca. zehn Minuten
von der Fabrik entfernte Verwaltungsgebäude bewohnen.

Der Saladero von San Javier

Der hiesige Saladero war ähnlich eingerichtet wie Santa Elena, nur bedeutend größer und mit mehr Weideland, welches
sich bis Reconquista erstreckte, versehen.

Es wurden hier während der zwei bis zweieinhalb Monate während Schlachtzeit täglich 800 bis 1000 Stück Hornvieh verarbeitet und es gab in diesen Monaten sehr viel zu
tun. Nach der Faena* gab es ruhigere Zeiten und ich konnte mich viel mit Jagd, Fischerei und Fotografieren beschäftigen.

Der ganze Saladero lag am Flusse auf einer Anhöhe und
war viele Meilen weit mit Schilf, Wald und Dickicht umgeben, von wo in der heißen Zeit, wo das Thermometer selten
unter 24 bis 28° R fiel, sich Milliarden von Moskitos über
die menschlichen Wohnungen ergossen und den Aufenthalt
fast unerträglich machten.

1895: Überschwemmung am Paraná

Anfang Februar fing der Paraná durch enorme Regenfälle im
Matto Grosso und Paraguay an zu steigen und stand März ca.
22 Fuß über gewöhnlichem Wasserstande. Die Inseln im Paraná waren gänzlich überschwemmt und der Fluss erstreckte
sich von den Barrancas bei Santa Elena bis nach hier. Dampfschiffe verkehrten direkt zwischen den beiden Saladeros.

Mord und Totschlag am Paraná

Gesellschaftlichen Umgang hatte ich nur mit Don Pedro und
dessen zahlreicher Familie sowie mit dem in der Fabrik für die
Arbeiter angestellten Dr. v. Bassewitz, einem liebenswürdigen,

gebildeten, jedoch leichtsinnigen Menschen. Derselbe kam gewöhnlich des Abends zu mir, wo wir dann, durch Gewebe vor Moskitos geschützt, im Garten saßen und er Neuigkeiten, meistens aus Mord und Totschlägereien bestehend, erzählte. Als einziger Arzt auf zehn bis zwölf Meilen Entfernung im Umkreise wurde er stets telegrafisch gerufen, wenn etwas vorfiel, um zu helfen oder um Leichenschau zu halten. Morde sowie Messerstechereien fielen hier und in den nächsten Kolonien der Schweizer und Italiener in erschreckender Häufigkeit vor. So wurde im März etwas nördlich von hier ein Schweizer mit Frau und drei Kindern mit durchschnittenen Hälsen gefunden. Tags vorher hatte er einem unserer Troperos Ochsen verkauft und dafür 10 000 Dollar erhalten, welche natürlich fehlten. Der Polizeikommissar behauptete, es hätten Indier getan, während jedermann überzeugt ist, dass die Polizeisoldaten die Tat verübten. Die Verwaltung in der Provinz Santa Fé, unter dem jetzigen Gouverneur Leioa, ist wohl eine der schlechtesten in ganz Argentinien, alle Angestellten, ohne Ausnahme, sind Schurken, Diebe und Spitzbuben und daher rührt auch die allseitige Unsicherheit.

Tag und Nacht bewaffnet

Wenn solche Ereignisse nun den ganzen Tag besprochen und per Telefon nach Santa Elena berichtet wurden, wurde mir abends doch häufig etwas unbehaglich zumute. Ich bewohnte in dem großen Hause mutterseelenallein ein Zimmer neben unserer Oficina*, wo häufig bis 100 000 Dollar im Geldschrank aufbewahrt wurden, was alle Angestellten wussten. Don Pedro bewohnte ebenfalls ein Haus allein an der anderen Seite des Patios*, hatte jedoch mehrere große bissige Hunde.

Nachts wurden Fenster und Türen fest verriegelt und Büchse und Revolver standen stets griffbereit. Auch am Tage im Büro gingen wir niemals ohne Revolver.

Kinderleichen an Bäumen

Noch jetzt trifft man in abgelegenen Gegenden und namentlich in Corrientes und Entre Rios Ranchos im Walde, wo
umstehende Nandubay*- und Algarobas-Bäume mit Knochen und vertrockneten Kinderleichen behängt sind. Vor
etlichen Jahren und auch als ich in Arroyo hondo lebte, war
es Brauch, wenn ein Kind starb, dass Nachbarn von nah und
fern herkamen und um die auf einem Tisch aufgebahrte Leiche tagelang zechten und schmausten; waren Geld, Getränke und das meistens gestohlene Fleisch alle geworden, trug
man die oft schon entsetzlich stinkende Leiche zu Pferde
nach einem anderen Rancho, wo die Fortsetzung der Feier
folgte, bis sie schließlich in einem Baume angebunden wurde, um dort zu verwesen oder von den Caranchos* gefres-
sen zu werden.

Heuschrecken

Kurz nach der Überschwemmung erschienen hier eines
Tages die so gefürchteten Heuschrecken, und zwar in solchen Schwärmen, dass stundenlang die Sonne verdunkelt
wurde. Die Bäume waren so dicht mit den Tieren bedeckt,
dass die Zweige fast brachen. Mithilfe einiger Hundert Peone, welche mit Blechdosen und an Stangen gebundenen
Tüchern versehen wurden und einen Heidenlärm machten,
wurden die Tiere aus Huerta* und Garten verscheucht und
so die Obstbäume und Anpflanzungen gerettet.

Eine Stellung, wo kein Mensch es bisher ausgehalten

Schon kurz nach meiner Ankunft hier hatte ich eingesehen,
dass das mir gemachte Versprechen, hier die Stellung als
Administrator zu erlangen, nur gemacht war, um mich zu
veranlassen herzukommen, wo es kein Mensch bisher ausgehalten und in solcher gefährlichen, abgelegenen Gegend
leben und sich von Moskitos auffressen lassen wollte. Da

somit keine Aussicht vorhanden war, dass ich meine Familie herkommen lassen konnte, hatte ich schon sofort gekündigt und gleichzeitig Schläpfer gebeten, sich gelegentlich für mich um eine andere Stelle zu bemühen. Mitte Juli erhielt ich nun Nachricht von ihm, ob ich eine Stelle bei Boden & Augspurg in Salta annehmen wollte; da ich beide von früher her kannte, akzeptierte ich die Offerte. Ende September verabschiedete ich mich in Santa Elena sowie von Don Pedro und v. Bassewitz und fuhr mit kleinem Küstendampfer nach Santa Fé, von dort per Bahn nach Salta.

1896 Anstellung als Buchhalter in der Firma Boden & Augspurg in Salta

Am 3. Oktober 1895 trat ich meine Stelle bei Boden & Augspurg an, wurde freundschaftlichst aufgenommen und in den Familien von beiden eingeführt. Boden war Schulkollege von mir, und Augspurg hatte ich im Jahre 1869, als er von Europa ankam, in Tucuman näher kennengelernt. Boden etablierte sich 1892 mit Augspurg hier in Salta. Augspurg hatte ein kleines Speditionsgeschäft hier betrieben. Das neu errichtete Geschäft hatte in den ersten Jahren gut verdient und namentlich die Boraxminen in der Quebrade del toro, welche Boden gehörten, brachten großen Nutzen. Im letzten Jahre war der Preis von Borax derartig gefallen, dass nicht weitergearbeitet werden konnte, ebenfalls war das Geschäft in Salta durch die jetzt nach Jujuy vollendete Straße furchtbar schlecht geworden.

Einrichtung einer Kassenführung
Unbegreiflicherweise hatte Boden keine Bücher geführt und es herrschte schreckliche Konfusion. Augspurg drang nun darauf, Abschluss zu machen, um den Stand des Geschäftes genau kennenzulernen, da er beständig Geld nachschießen

musste. Nachdem Augspurg mir Einblick verschafft und auch Boden mir seine Einwilligung gegeben, alles nach meinem besten Ermessen zu ordnen, richtete ich sofort die nötigen Bücher und richtige Kassenführung ein und hatte Ende des Jahres 1896 alles beendet und den Abschluss hergestellt. Das Resultat war für Boden nicht günstig und die Folge war, dass Augspurg und Boden sich trennten. Augspurg führte das Geschäft und die Ausstände weiter, während Boden ein Kommissionsgeschäft anfangen wollte.

1897 bis 98: Contodor bei Union Azucarero Argentinia in Tucuman

Seit Mai dieses Jahres hatte sich in Buenos Aires eine Zuckeringenieurvereinigung namens „Union Azucarero Argentinia" gebildet und Boden hatte die Vertretung für Salta und Jujuy bekommen und mir sämtliche Arbeit übergeben, wofür ich monatlich 200 Dollar Extravergütung erhielt; ich musste nun häufig nach Jujuy und Tucuman und machte die Bekanntschaft mit den Direktoren der Union.

Am 1. Januar 1897 erhielt ich unerwartet ein Telegramm aus Buenos Aires, ob ich Lust hätte, die Stelle als Contodor* der Company Azucarera in Tucuman sofort anzunehmen. Ich verzichtete darauf, in Salta sitzen zu bleiben, und akzeptierte die Offerte von Tornquist und reiste am 14. Januar per Bahn nach Tucuman.

1897 Rückkehr nach Tucuman

Am 17. Januar, bei furchtbarer Hitze, erreichte ich am Abend das so lange bewohnte Tucuman. Am 15. stellte ich mich dem Gerenten Huergo vor und trat selben Tages meine Stellung an. Unser Büro war die Zentral- und Zahlstelle der drei der Company Azucarera Tucumana gehörenden

Zuckerfabriken „La Trinidad", „Nueva Baviera" und „La Florida".

Wechsel im Direktorium: de la Torre kommt

Ende März 1897 erzürnte sich Huergo mit dem Direktorium in Buenos Aires und verließ das Geschäft. Auf Anfrage von Hagemann, welcher Gerente der Refineria* Argentina in Rosario war, ob Aussicht vorhanden, dass ich Huergos Stellung bekäme, antwortete er mir, dass Tornquist jetzt nur einen technisch gebildeten und völlig mit der Zuckerfabrikation und der Destillation vertrauten Mann hier anstellen wolle. Da ich bis zu dessen Eintreffen die Comptoire vertreten musste und vom Direktorium zur größten Sparsamkeit und Einschränkung der gastos* aufgefordert wurde, entließ ich mehrere überflüssige Angestellte. Einige Wochen später erschien ein Cordobeser de la Torre, welcher auf Empfehlung von einem der Hauptdirektoren die Stelle hier erhalten hatte, ohne mit Tornquist bekannt zu sein.

Statt sich nun um die Fabriken und die Fabrikation zu bekümmern, logierte er sich bei mir im Büro ein und fing persönlich eine zweite Buchführung an. Da die von ihm gebuchten abendlichen Kassenbestände nie mit dem wirklichen Kassensaldo des Kassierers übereinstimmten, behielt er diesen oft bis 3 Uhr des Nachts am Comptoir, um Differenzen zu suchen. Als nun auch ich eines Abends die Differenzen in seinen Büchern nachsehen sollte, kam es zum Wortwechsel und ich erklärte, in Buenos Aires meine Entlassung einreichen zu wollen. Ich teilte Hagemann das Vorgefallene mit und wurde gebeten, wahrheitsgetreu meine Ansicht über de la Torres Fähigkeiten mitzuteilen. Mein Bericht hatte die Folge, dass de la Torre Order erhielt, sich sofort nach La Florida zu begeben und dort seinen Wohnsitz zu nehmen und sich nicht um die kaufmännische Leitung in Tucuman zu kümmern, wofür ich von der Company angestellt sei.

De la Torre erleidet einen tödlichen Unfall
Anfang Juni 1898 wurde ich eines Morgens früh geweckt
und mir wurde mitgeteilt, dass de la Torre soeben am Rio
Sali von der Eisenbahn überfahren worden sei und schwer
verletzt dort läge. Ich schickte sofort Ärzte hinaus, welche
gegen 9 Uhr mit seiner Leiche am Sunchales-Bahnhof eintrafen.

Mehr Verantwortung und ein Weihnachtsurlaub
Nach Beschluss vom Direktorium wurden nun die Direktoren
der Fabriken selbstständiger. Ich hatte durch diese Maßnah-
me sehr viel Arbeit zubekommen und einen sehr verantwort-
lichen Posten, wofür mir der Administrator höheres Gehalt
versprach. Anfang Dezember bekam ich auf Ersuchen einen
vierwöchigen Urlaub und reiste am 22. nach Cordoba, um
Weihnachten mit einigen Bekannten zu erleben und um dem
heißen Januar in Tucuman zu entgehen.

Klöpfer fährt nach San Marco in den Heimatort
von Clara Reyna
Nach angenehm dort verlebten Tagen machte ich am
14. Januar eine Tour über Capilla del monte nach San Marco, um in dieser an Naturschönheit so reichen Gegend einige fotografische Aufnahmen zu machen und um einige
Bekannte aufzusuchen.

1899: Leben in Tucuman

Am 20. Januar kehrte ich nach Tucuman zurück, wo ich
einige Wochen später von Dysenterie befallen wurde und
mehrere Monate leidend war. Da mein Stellvertreter sowie
die Frau unseres Peones während meiner Abwesenheit dieselbe Krankheit bekommen hatten, vermutete ich, dass das
Wasser unseres Algibe* infiziert war.

Trinkwasser aus dem Gebirge für Tucuman
Zum Glück bekam Tucuman Ende April Wasserversorgung vom Gebirge und die Not mit dem Trinkwasser hörte auf. Italienische Ingenieure hatten sechs bis sieben Quellen am Fuße der Berge und mitten im Urwalde befindlich, vermittelst Zementröhren verbunden und nach einem Zentralsammelplatz mit großer Sandfiltration geleitet, von wo das Wasser mit eisernen Röhren zur Stadt geleitet wurde.

Verbesserung der Versorgung mit Lebensmitteln durch den Zuzug von Italienern
Die Stadt Tucuman hatte sich seit 1889 bedeutend vergrößert; viele hübsche Privathäuser und öffentliche Bauten, mehrere neue Bahnlinien mit schönen Stationsgebäuden, öffentliche Parks und Gartenanlagen waren entstanden. Durch den Zuzug vieler Fremder, meistens Italiener, welche in der Umgegend viel Ackerbau und Milchwirtschaft trieben, war eine merkwürdige Verbesserung in der Lebensweise und allgemeinen Verpflegung eingetreten. Auf den Marktplätzen konnte man alle denkbaren Gemüse, das schönste Ochsen-, Hammel- und Kalbfleisch kaufen. Europäische Biere waren, seitdem die großen Brauereien in Palermo, Quilmes und Buenos Aires ausgezeichnetes Bier brauten, gänzlich verschwunden.

Feilschen um Gehaltserhöhung und Kündigung
Beim letzten Geschäftsabschluss hatte der Administrator mir mitgeteilt, dass zufolge ungünstiger Geschäftslage des Zuckermarktes mein Gehalt, wie versprochen, nicht erhöht werden könne, ich jedoch eine gute Gratifikation erhalten würde. Als nach monatelangem Hinzögern er mir schließlich eine geringfügige Summe zuwies, verzichtete ich auf Annahme und reichte meine Kündigung zu April 1900 ein.

1900 Beendigung des Aufenthaltes in Argentinien und Heimreise nach Hamburg zur Zeit der Weltausstellung in Paris

Durch Bekanntschaft mit dem Gerenten des Bremer Lloyd, welcher vorigen Sommer mit seiner Frau bei mir zum Besuche war, erhielt ich ein Billet für die am 11. April 1900 nach Bremen bestimmte „Pfalz".

Hitzewelle statt Regenzeit
Die gewöhnlich im November hier einsetzende Regenzeit, welche bis April anhielt, blieb dieses Jahr gänzlich aus und wir bekamen Januar 1900 eine bis Ende Februar währende unerträgliche Hitze, wo das Thermometer wochenlang 44 bis 48° C im Schatten und oft nachts 40° zeigte und häufig bis 60 Personen am Tage an Hitzschlag starben. Am unheimlichsten wurde bei dieser ungesunden Zeit die ganze Bevölkerung durch die Nachricht berührt, dass in Santa Fé und Buenos Aires die frecte bubaniee (Beulenpest) ausgebrochen sei und diese scheußliche Kankheit täglich unserer Provinz näher rückte.

Letzte Verhandlungen mit der Firma
Nach einer Abschiedsfeier bei Merkwitz verließ ich am 7. April des Abends Tucuman und fuhr direkt nach Buenos Aires, wo ich mich mit meinen mitgenommenen Tieren bei Witcomb einquartierte. Als ich mein bisher bei der Refineria Arg. hinterlegtes Geld nun bei Tornquist anlegte, wurde mir nochmals der Vorschlag gemacht, zu bleiben, und ich glaubte, dass meine Forderung bewilligt würde, falls ich mich zur Rückkehr nach Tucuman entschlossen hätte. Da meine Gesundheit in der letzten Zeit gelitten hatte, wollte ich nicht wieder nach dem höchst ungesunden Tucuman zurück.

Heimreise mit der „Pfalz"

Am 11. April wurde ich von Kropf, Witcomb und Bekannten an Bord des Steamers „Pfalz" begleitet und verließ mittags die Argentinische Republik, wo ich in den letzten Jahren ziemlich vom Glück begünstigt worden war.

Die „Pfalz" war gänzlich besetzt und wir waren ca. 120
Personen in der Kajüte, wodurch wir eine ungemütliche Reise hatten. Im Zwischendeck starben während der Überfahrt
drei Personen, wodurch wir keine Erlaubnis bekamen,
Madeira zu betreten, jedoch so dicht am Lande ankerten,
dass ich die Stadt Funchal fotografieren konnte. In Vigas,
wo die Mehrzahl der Zwischendeckspassagiere das Schiff
verließen, durften wir die Stadt betreten. Am 5. Mai frühmorgens erreichten wir die Schelde* und mittags die bedeutende Stadt Antwerpen.

In Antwerpen verließen fast alle Kajütenpassagiere das
Schiff und nur wenige blieben, welche die Reise per Wasser
nach Bremerhaven machen wollten. Zwei Tage wurde hier
Getreide gelöscht, währenddessen wir die Sehenswürdigkeiten der Stadt in Augenschein nehmen konnten. Am 8. Mai
erreichten wir mittags die Mündung der Weser und Bremerhaven, verließen das Schiff und fuhren per Bahn nach Bremen, wo wir so spät eintrafen, dass ich nur mein Gepäck
spedieren und erst am 9. Mai mit dem 5-Uhr-Zuge nach
Hamburg fahren konnte.

Die ersten Jahre im Ruhestand in der Heimat von 1900 bis 1906

In Hamburg traf ich im Hause meiner Mutter meine Frau und meine beiden Kinder, mit denen ich nachmittags per Bahn nach Schwartau fuhr, wo meine Frau sich vor zwei Jahren ein niedliches Haus mit Garten gekauft hatte. Im Garten hinter dem Hause standen viele Obstbäume und Beerenobst, Hühnerstall, Mistkuhle und Klosett. Ich hatte im ersten Jahr den ganzen Garten eingezäunt und noch viele Büsche und Obstbäume angepflanzt. Unten im Garten hatten wir ein großes Bienenschauer* von Holz errichtet.

Die Chunas
In Cordoba und Tucuman hatte ich alle Jahre ein paar drollige Vögel, sog. Chunas, gehalten, welche, jung aus dem Nest genommen, ungemein zahm werden. Sie leben von Insekten, Schlangen, Ratten, Mäusen und von allen Speisen, die der Mensch genießt. Eigentümlich ist ihre Sucht, blanke Sachen, Porzellansachen, Tassen, Gläser, ganze Kochtöpfe wegzuschleppen.

Auf der letzten Heimreise hatte ich acht dieser hier seltenen Vögel mitgebracht. Ein Paar, welches ich längere Zeit in Tucuman hatte und zur Zucht mitnehmen wollte, starb durch einen Unfall, sodass ich nur ein Paar behielt, welches nachher sogar allein den Wald durchstreifte und immer das Haus und seinen Schlafplatz auf einem hohen Kleiderschrank auf der Diele abends aufsuchte. Die Vögel können nicht fliegen, sondern springen und laufen nur. Die übrigen Chunas verkaufte ich an Hagenbeck, welcher sie nach Indien verschicken wollte. Die größere Sorte dieser Vögel mit buntem, hübschem Gefieder, mehr im Norden Argentiniens, in Paraguay und Brasilien lebend, wird wissenschaftlich Cariana crestata genannt. Die kleinen, mit dunklem Gefieder und schwarzen Beinen, mehr im Süden Cordobas und Tucumans lebend, wurden erst 1838 von einem Professor Burmeister bei Medina entdeckt und in England ihm zu Ehren Chuna burmeisteria benannt. Er soll ein lebengebliebener vorweltlicher Vogel sein.

Tod von Klöpfers Mutter
Im Sommer hatten wir viel Besuch aus Hamburg und Lübeck, selbst meine liebe Mutter, 89 Jahre alt, kam zur Erholung und machte mit uns und sogar allein noch weite Fußtouren. Leider starb sie nach kurzer Krankheit in Hamburg am 9. 6. 1901 wahrscheinlich an Arterienverkalkung. Micaela war in den letzten Tagen zur Pflege bei ihr.

Neue Freundschaften
Nahe unserer Wohnung in Schwartau hatte ein Fotograf Rogall sich eingekauft und seine Frau ein sehr gut besuchtes Kaffee eröffnet, wo sich viele Hamburger Familien für den Sommer einquartierten und wo wir mit vielen näher bekannt und befreundet wurden. Mit einigen der Herren machte ich beständig weite Radtouren durch ganz Mecklenburg, Hannover, Holstein, Schleswig bis Sonderburg; auch Micaela machte eine Fahrt nach Bernitz, gerade 100 Kilometer, mit mir.

Micaela Klöpfer um 1900

Sophie und Adolf Klöpfer mit ihren Töchtern,
Schwiegersohn Guido Maschke und Enkelin Camilla, 1912

Die Töchter
Meine Tochter Carrie musste leider hier eine einfache Schule besuchen, da nur eine im Orte war. Micaela sollte Schneidern, Feinplätten und Kochen erlernen, und ich schickte sie dazu nach Hamburg; sie blieb dann beinahe ein ganzes Jahr im Hotel St. Petersburg, um Haushaltung zu erlernen für den Fall, dass sie auch einmal nach Argentinien gehen würde.

So schön das Leben im Sommer in Schwartau war, so langweilig waren die Wintermonate, wo alle Fremden fort waren. Dazu wurde mir geraten, für mein kleines Kapital, welches in Lübeck und Umgegend auf Hypothek angelegt war, lieber Häuser zu kaufen und so mein Einkommen zu verbessern.

Marienthaler Straße 12 und Marienthaler Park
Ich erfüllte die Bitten meiner Familie und verkaufte das mir so lieb gewordene Haus.

Oktober 1903 zogen wir mit Sack und Pack nach Hamburg und fanden nach langem Suchen und mehrfachem Wechseln schließlich eine Etage in der Marienthaler Straße Nr. 12 und kauften ein Jahr darauf auf Zuraten das neben Nr. 10 liegende Grundstück, den sog. Marienthaler Park, mit einem vierstöckigen Vorderhause und fünf zweistöckigen Hinterhäusern und großem Garten, zusammen 40 Wohnungen und zwei Werkstätten, eine Maler- und eine Schlachterwerkstelle.

Ich zahlte 240 000 Mark mit 45 000 Mark Anzahlung und hatte dafür 19 000 Mark Miete Einnahmen, sodass ich netto ca. 6000 Mark Überfluss hatte. In den Hinterhäusern wohnten sehr ordentliche Leute, meistens Beamte, und ebenfalls im Vorderhause gut gestellte Leute. Mit mehreren derselben verkehrten wir viele Jahre, und ich spielte viel Schach und Skat mit einem Lehrer Hinrichsen und Klindt und Familie.

Vita
Christian Adolf David Klöpfer

Geb. am 2. März 1841. Nach dem frühen Tod des Vaters war Klöpfer bereits mit 24 Jahren gezwungen, in das elterliche Geschäft für elektrische Induktionsapparate einzutreten. 1868 verkaufte er die Fabrik. Mit dem Erlös begab er sich 1869 auf seine erste Auswandererreise.

Während seiner Aufenthalte in Südamerika erlebte er ein kurzes Glück mit einer jungen India und heiratete schließlich eine Mecklenburgerin. Aus gesundheitlichen Gründen brachte er Frau und Kinder 1889 nach Hamburg zurück, während er selbst sich erst im Jahre 1903 in seiner Heimatstadt niederließ, wo er 1926 starb.

Glossar

Administrator Verwalter
Adoba Luftziegel
Aji spanischer Pfeffer (Cayennepfeffer)
Akkord hier: gerichtlicher Vergleich
Alfalfa Luzerne (Futterpflanze)
Algaroba typische Baumart in Argentinien (Johannisbrotbaum)
Algibe Zisterne (Auffangbehälter für Regenwasser)
Alkalde Gemeindevorsteher
Alta Anhöhe, Hügel
Arriero Maultiertreiber
Arroba Maßeinheit, in Kastilien 1 Arroba etwa 11,5 kg
Asado am Spieß oder direkt auf Kohlen gebratenes Fleisch
Azotea flaches Dach, Dachterrasse

Baile Tanz
Ballestero Heuschrecke
Banea kleines Boot
Barraca Lagerhaus, Schuppen
Barranca Schlucht
Betel indisch-malaiisches Kau- und Genussmittel aus der Frucht der Betelnusspalme
Bicho Hautwurm
Bichos colorados spezieller Hautwurm
Bienenschauer Bienenstand, Aufbewahrungsort für Bienenvölker
Biscartschers südamerikanisches Bisamschwein, das große Flüsse durchschwimmt
Blattern eine von Pockenviren verursachte Infektionskrankheit

Cabildo Rathaus

Caldo Fleischsuppe

Camp hier: Landgut

Capataz Vorarbeiter

Capitania Hafenbehörde

Carabao Wasserbüffel

Carancho Geierfalke

Cargamula Transportesel

Cerco Gehege

Chañares Baum- und Strauchart: Die süße Hülse der Samen war ein Hauptnahrungsmittel der Indianer des Gran Chacos.

Chicha (Zubereitung von) Maisbranntwein

Chirimoya Frucht des Flaschenbaums

Chola Kopf

Cholo Mischling

Chuchu Fiebererkrankung

Chuña als Haustier gehaltener Stelzvogel

Coca Blätter des Kokastrauches

Cochinchinese Bewohner der südlichen Region Vietnams zwischen Mekongdelta und den südlichen Ausläufern der Küstenkette von Annam

Comptoire Büro

Conducteur veraltet für Schaffner

Contodor Kaufmännischer Leiter

Cooper, Cooperschen James Fenimore Cooper (1789–1851), amerikanischer Schriftsteller („Der letzte Mohikaner"), gilt als Begründer des historischen Romans in der amerikanischen Literatur.

Corneja Krähe

Corregidores Landverwalter

Cuesto Hügel, Anhöhe

Curas Ortsvorsteher

Damaguana Glasbehälter

Dulca Kompott

Dysenterie Durchfall

Elle(n) alte Längeneinheit, entsprach ursprünglich etwa der Länge des Unterarms; städte- und länderspezifische Festlegung, die Hamburger Elle entsprach 57,31 cm.

Equipage veraltet für Kutsche

Estancia südamerikanisches Landgut

Faena körperliche Arbeit, Hausarbeit
Fahrenheit in Großbritannien und den USA verwendete Temperatureinheit, 100 Grad Fahrenheit etwa 37,7 Grad Celsius
Feria Jahrmarkt
Fidas Süßigkeiten
Fonda Gasthaus
Fuß altes Längenmaß; ein Fuß etwa 25 bis 40 cm

Gallego Spanier, Galicier
Galleta Keks
Gamotte Pomeranzenart
Gastos Ausgaben, Kosten, Spesen
Gaucho Berittener Viehhirte in der Pampa, vor allem in Argentinien
Genever ein Vorläufer des Gins
Gerente Vorgesetzter
Gironde Fluss in Frankreich
Guanaco Wildform des Lamas
Guano besteht hauptsächlich aus den Exkrementen von Seevögeln, wurde im 19. Jahrhundert oftmals als Dünger verwendet.

Huerta Obst- und Gemüsegarten

Iguana Leguan
Indier, indisch Klöpfer verwendet sowohl für die Indianer Süd- und Nordamerikas als auch für die Bewohner Singapurs und Ceylons (Sri Lanka) die Bezeichnung „Indier".
Indiersprache Sprache der Indianer
Ingenio Erfinder, Ingenieur

Kaziken Bezeichnung für indigene Stammeshäupter oder Adlige in Mittel- und Südamerika
Kondor Raubvogel
Kuli Tagelöhner in (Südost)asien
Kürassier aus den geharnischten Reitern des Mittelalters entstandene schwere Kavallerie ab Ende des 15. Jahrhunderts. In Preußen gab es Kürassiere bis zum Ende des Ersten Weltkrieges.

La-Plata-Staaten La Plata war eines der spanischen Vizekönigreiche in Südamerika. Nach der Unabhängigkeit gingen daraus die Staaten Argentinien, Bolivien, Paraguay und Uruguay hervor.
Latrina Toilette, Abort
Legua altes spanisches Längenmaß; eine Legua etwa 1420,44 m

Leichter antriebsloser, schwimmender Großbehälter
Linie hier: Äquator
Loro spanisch für Papagei
Lungenschlag Stillstand der Atmung

Majordomus Verwalter des Hauses
Maldonado Stadt im Süden Uruguays
Manioken tropische Wurzelknollenpflanze
Mara Hasenartiges Tier aus der Familie der Meerschweinchen
Mariguis Stechmücken
Meile, deutsche etwa 7420 Meter
Mile Längenmaß; eine britische/nordamerikanische Meile beträgt etwa
1609,33 m.
Mosquitera Netz gegen Moskitos
Mula Maultier, Esel
Münze Geldprägestätte

Nandubay typische Baumart in Argentinien, nach dem Nandu benannt,
dem straußenartigen Vogel Südamerikas
Nigua Sandfloh
Nutria Bisamratte

Oficina Büro
Ombú eine massive Baumform in Südamerika und Symbol
uruguayischer/argentinischer Identität

Pagares Schuldscheine
Pampa Grassteppe im südöstlichen Südamerika
Parabas Papagaienart
Paritan Diener, Lakai
Partero Gegend
Patio Innenhof
Paysandú Stadt im Westen Uruguays an der Grenze zu Argentinien
Payta Stadt im Norden Perus
Paztou Fleischprodukt
Peon unfreier Arbeiter
Perron Bahnsteig
Pik, Pico Berggipfel
Pina feines Gewebe aus Baumbast oder aus den Fasern der Ananas-
blätter
Pomito Flüssigkeit
Poncho ein in Teilen Südamerikas gebräuchlicher Umhang

Pozo Brunnen
Prado spanisch für Wiese
Praya Straße in Hongkong
Pulperia Kneipe, Wirtschaft in einsamer Gegend

Quadra Flächenmaß; ein Quadra etwa ein Quadratkilometer
Quartel Quartier, Kaserne, Viertel
Quebracha Baumart; „spanischer Axtzerbrecher"
Quebrada Bergschlucht
Questa Poststation zum Wechseln der Pferde
Quichua Sprache der Indianer
Quinta Landhaus, Villa

Rancho Bauernhof
Real alte spanische/portugiesische Währungseinheit
Reaumur veraltete Gradeinteilung des Thermometers; zehn Grad Celsius
etwa acht Grad Reaumur
Refineria Raffinerie
Rute altes Längenmaß unterschiedlicher Größe (10, 12, 14 oder 16 Fuß),
in Hamburg etwa 4,58 m

Saladero Schlachthaus
Schaluppe kleines, einem Kutter ähnelnden Segelboot, wird meist als
Beiboot verwendet.
Schelde Fluss in Frankreich, Belgien und den Niederlande
Schloßen umgangssprachlich für Hagelkorn
Shipehandler Schiffshändler
Shiva (Schiwa) hinduistischer Gott
States Vereinigte Staaten von Amerika (USA)
stigulieren festsetzen, einschreiben
Supplizierung Einreichung eines Bittgesuches

Tabo Zeitvertreib, Spiel
Tambo Herberge
Tareta Moosart
Temperance-Leute Anhänger einer Mäßigkeits- oder Enthaltsamkeits-
bewegung
Tertulia (banda) Tertulia steht für Minnesang beziehungsweise
Geselligkeit; banda ist die (Musik-)gruppe.
Tobe Stangenkaktus
Tola Baumart
Tolderia Hochebene, Anhöhe; hier: Hütte der Indianer

Tropa Truppe
Tropero Cowboy
Tucus Leuchtkäfer
Tuna Kaktusfeige

Uraca Blaurabe

Vicunnas höckerlose südamerikanische Kamele
Vigilant Wächter, Bewacher
Vinchuca Insektenart, Ungeziefer

Websterstation Haltestelle der Kabelbahn in San Francisco

Yacares Krokodile, Kaimane
Yurete Stangenkaktus
Yungas Region aus zwei langgestreckten Tälern in Bolivien

Zoll veraltete Längeneinheit unterschiedlicher Größe, meist zwischen 2,3 und 3 cm

Hans-Hermann Groppe
Ursula Wöst
Über Hamburg in die Welt
Von den Auswandererhallen
zur BallinStadt
88 Seiten mit 88 Abb.
Format 22,5 x 28 cm
Hardcover
ISBN 978-3-8319-0274-3
€ 9,95 [D] / € 10,30 [A] / sFr 18,20

Die Auswandererhallen auf der Veddel in Hamburg waren Anfang des 20. Jahrhunderts ein Musterbeispiel für die geordnete Unterbringung von Auswanderern vor deren Abfahrt ins Ungewisse. Doch was bedeutete dieser Ort für die Menschen, die hier von ihrer europäischen Heimat Abschied nahmen? Wer waren diese Auswanderer? Wie gestalteten sich ihre Tage zwischen Abschied und Ankunft?

Diesen Fragen gehen Hans-Hermann Groppe und Ursula Wöst nach. Sie erzählen die Geschichte der Auswandererhallen aus verschiedenen Perspektiven und ordnen sie in die historischen Zusammenhänge ein. Seit Juli 2007 lädt die „BallinStadt – Auswandererwelt Hamburg" Besucher ein, diese Geschichte am historischen Ort der ehemaligen Auswandererhallen zu erleben und selbst zu erforschen.

Bibliografische Information der Deutschen Bibliothek
Die Deutsche Bibliothek verzeichnet diese Publikation in der Deutschen
Nationalbibliografie; detaillierte bibliografische Daten sind im Internet
über <http://dnb.ddb.de> abrufbar.

ISBN 978-3-8319-0291-0

Einleitung: Ursula Wöst, Hamburg
Text Hauptteil: Christian Adolf David Klöpfer
Transkription und Bildlegenden: Gerda Tornieporth,
Uffing am Staffelsee
Redaktion: Stefan Mayr, Hamburg
Lithografie: Griebel-Repro, Hamburg
Gestaltung: Büro Brückner + Partner, Bremen
Gesamtherstellung: Offizin Andersen Nexö Leipzig,
Zwenkau

Das Titelbild zeigt Christian Adolf David Klöpfer auf einem Maultier, auf
der Rückseite des Umschlags ist er 1887 in Tucuman, Cordoba (Argentinien), zu sehen.

Bildnachweis: Die Bildrechte liegen bei Wolfgang Tornieporth, außer: Inis
Tornieporth-Ötting, Hohen Neuendorf: S. 16